高质量读研：
教你如何写论文、做科研

张军平 著

人民邮电出版社

北京

图书在版编目（CIP）数据

高质量读研：教你如何写论文、做科研 / 张军平著
. -- 北京：人民邮电出版社，2022.6
ISBN 978-7-115-58588-2

Ⅰ. ①高… Ⅱ. ①张… Ⅲ. ①研究生－学习方法 Ⅳ. ①G643.246

中国版本图书馆CIP数据核字(2022)第018196号

内 容 提 要

到底该怎么读研？如何做好科研？如何通过同行评议来提升论文的质量？如何能够更好地回复评审提出的问题？怎样排解心理压力？相信这些都是在读研究生所关心的问题。针对在读研究生的实际需求，复旦大学张军平教授特别写作本书。

全书共 30 篇，旨在解决研究生在学习、科研、心理等方面的问题，帮助读者完整了解读研生涯的每个细节，更好地完成学业，不荒废科研生涯，成为更优秀的自己！本书在最后提供了多个附录，包含实用论文工具、实用代码工具、专业画图工具、期刊和会议推荐，可以为学生提供参考。

本书适合在读研究生（含硕士研究生、博士研究生），以及想了解研究生学习，尤其是理工科研究生学习的人群阅读。

◆ 著　　　　张军平
　责任编辑　周　璇
　责任印制　陈　犇

◆ 人民邮电出版社出版发行　北京市丰台区成寿寺路 11 号
  邮编 100164　电子邮件 315@ptpress.com.cn
  网址 https://www.ptpress.com.cn
  固安县铭成印刷有限公司印刷

◆ 开本：700×1000　1/16
  印张：11.75　　　　　2022 年 6 月第 1 版
  字数：219 千字　　　2025 年 5 月河北第 19 次印刷

定价：59.80 元

读者服务热线：(010)53913866　印装质量热线：(010)81055316
反盗版热线：(010)81055315

PREFACE 序

刚接到邀请要为这本书写序时，心里还觉得不太踏实。多年前凌晓峰和杨强两位教授就出过专著《学术研究，你的成功之道》，我也为之写过序。如今有了一本类似主题的新书，我该怎么写序呢？但是当我初步"瞄"了一遍书稿内容之后，立刻觉得两书内容有明显的不同，作者张军平教授的出发点与凌、杨两位教授的出发点确有微妙区别。如果说后者写书是全力以赴指导博士生如何做出最优秀的成果，则张教授的书更像是面向缺乏经验的硕士生和博士生的启蒙书。目前在国内，读硕、读博已经是毕业生的热门选择。据报道，2020 年我国博士生招生规模已达 10 万人，而 2021 年的考研报考人数更是达到了 377 万。其中肯定有相当一部分入门者需要经验丰富者的指点，来为这个全新的人生阶段做好学术上和心理上的准备。而这本书正是他们所需要的。我也愿意再次谈一点儿自己的看法。

《孙子兵法》只有 13 篇，而张教授的"读研兵法"却达到了 30 篇，要想发表一点儿对这部"当代兵法"的议论，从哪里说起呢？从《矛盾论》的观点看，导师和研究生之间的关系构成一对矛盾，其中导师应该是矛盾的主要方面。据此我认为，处理好师生关系应该是本书的第一技。本书有多篇均与师生关系有关，特别是其中有一篇提到选择导师的问题。该篇提出的 5 个维度（论文寻师法、项目寻师法、学术活跃度寻师法、梯队结构寻师法和个性匹配寻师法）都很重要。选择导师应经过极其慎重的考虑，而许多同学往往在这方面没有付出足够的心思。有的同学要求不高，认为"不管是张老师还是李老师，能够录取我的就是好老师"，在报考前到处打听，想知道哪位导师的名额最多、哪位导师的报名人数最少，而对于这 5 个维度则没有任何要求。这样的态度会给今后能否在导师指导下顺利完成学业留下隐患。重要的隐患之一就是兴趣问题。做研究是要有兴趣的。如果在读博一段时间以后，发现导师的研究方向完全引不起自己的兴趣，麻烦就来了：是要求导师改变指导方向，还是服从导师指导的研究方向？所以我建议还应考虑第六个维度：研究兴趣。这个兴趣可能来自对学科方向发展形势的判断，也可能来自毕业后找工作的需要，当然也有可能来自每个人自幼形成的理想。

那么，如果已经选择了一位研究兴趣和自己不太相同的导师，甚至导师已经给了一个自己完全没有兴趣的题目，应该怎么办呢？我认为这个问题也可以换个角度看。读研主要是为了开阔眼界、锻炼能力，为将来做准备。在这个意义上，读研期间做什么题目并不是最重要的。要培养自己"做什么题目都能出成绩"与"于平凡处显非凡"的能力。但是如果你实在不想做导师的题目，那就要坦诚地向导师说清楚，千万不要闷在肚子里，背着导师自己悄悄地搞另一套，否则完全背离了报考研究生的初衷，而且一般来说不会成功。

对导师选题不满的原因很多，包括"太难了""不熟悉""非热门""没人做过""无兴趣""工作量太大"等。这里只谈谈本书作者提到的"非热门"问题。有的学生认为导师给的选题不属于当前的热门，因此无论是从"追热"的研究兴趣上，还是从未来工作的考虑上都会产生抗拒心理。对此，本书有专门的一篇分析冷门和热门选题的关系可供参考。现代科学发展很快，特别是某些学科的某些方向发展特别快。在选择研究课题上，作者对两者关系的分析很有道理。书中指出：年轻和年长的导师常有不同的倾向。"年轻的导师往往会更着眼当下的前沿和热点问题"，而"资深或成名已久的教授则偏好需要较长时间才能产出的重要科学问题"。这时候，学生的优先选择方向是显而易见的。我认为，在总体上以选择新的方向为主没有错，特别对于计算机科学这样的技术学科更是如此。"洞中方七日，世上已千年"。这个世界变化太快了，不注意就要落后，落后了论文就不易发表，发了评价也不高。所以学科发展的潮流必须关注，但必须关注不等于必须跟进。一是因为潮流中难免鱼龙混杂，二是因为自身的条件各不相同，三是因为跟进的目的是超越。在这一点上，导师有帮助学生"量体裁衣"的责任。

实际上，对冷门学科研究的争论由来已久。我觉得这里要区分正式的科研人员和研究生两类人群。对前者，认定一个冷门研究问题或方向是有意义的，哪怕这样做有风险，也值得尝试。书中举的 Vapnik 的 VC 维理论和 Hinton 的神经网络研究是成功的例子。陈景润的 1+2 成果令数学界震惊，至今无人超越，也是很好的例子。但坚持做冷门研究的人必须要做好坐冷板凳的准备，并且坐了冷板凳也不一定成功，还要做好不成功的准备。对于第二类人群则必须考虑其不能更改的学习期限。因为冷门问题往往不大容易做，而且参考文献也少。导师不能笼统地鼓励学生做冷门难题。当然冷门也并不是不能做，关键是导师要心中有数，把握有度，最好是带着学生一起做。不过板凳从冷到热，在科学上也有自己的规律。

数学界前辈熊庆来先生曾经指出，在数学上做出成绩有不同的类型，有提出新的科学概念、开拓新的领域的，也有解决一个重大科学问题的，但还有由于发现了新的事实，提出了新的理论，使一门相对沉寂的学科重新活跃起来的。熊老称这种研究为"化腐朽为神奇"。一个突出的例子就是亚纯函数值分布理论的研究。杨乐和张广厚由于证明了值分布理论中亏值和奇异方向这两个分支存在着紧密的联系，并给出了具体的数学公式，为值分布理论这个传统数学分支注入了新的活力。这样的工作以及类似事实，可以给正在读研的青年学子们很大的启发：随时掌握学科的发展动态当然是研究者必须具备的能力，但是这不等于可以忽视该学科在长期发展中形成的积累，以及其中可能隐藏着的发展潜力。本书作者专门用一篇讨论论文的创新问题，并且指出创新是论文的核心。我非常同意这个观点。可以说创新是一切科研活动的核心。

在科研工作中，细节十分重要。作者从多方面阐述了细节的重要性，总结了许多"细节决定成败"的经验和教训。我想，作者提到的这些技术细节除了可能会影响人们的科研成就之外，对研究者的科研品格也会产生重要的影响。严谨是科学工作者的必备品质，对于青年学子来说，更应该严格要求，着意培养。如果不对自己严加约束，对自己科研报告或论文中所犯的错误漫不经心，甚至采取放任态度，那就真的出问题了。本书专门用一篇来谈"内卷和诚信"是非常有必要的，我想无论是作者或是读者，我们每个人都应该扪心自问：我足够严谨了吗？我对自己的要求足够严格了吗？

除了自身行为上应该注意的细节以外，观察问题时更要注意细节。许多重大科学发现来自对客观世界细节的观察。历史上，如果亚历山大·弗莱明（Alexander Fleming）没有细心观察到他的培养基被霉菌污染以后，霉菌周围的葡萄球菌消失了，他就不会发现青霉素。如果阿诺·彭齐亚斯（Arno Penzias）和罗伯特·威尔逊（Robert Wilson）没有细心观察到他们的天线总是会收到那些去除不掉的噪声，他们就不会发现宇宙微波背景辐射。这样的例子实在太多了。

当然，仅仅靠关注细节是不会自动产生科学发现的。如果弗莱明看到葡萄球菌消失时不去思考其原因，如果彭齐亚斯等人一直陷于"鸟粪造成天线噪声"的传统思维，伟大的发现就不会产生。这里就用得上"想象力"一词。很多年前的一天，我走过普林斯顿大学外面的一条小街，被街上一家门面不大的商店吸引住了，不是被它的商品广告所吸引，而是被一块牌匾吸引住了。牌匾上赫然写着"爱因斯坦展览馆"。小商店里面居然隐藏着爱因斯坦展览馆？！我忍不住走进去看个究竟。我发现在商店的后堂还真有一间挂着同样牌匾的小屋子，屋内陈设其实并不多，倒是一根圆柱上的一句爱因斯坦语录"想象力比知识更重要"给我留下了深刻的印象。大师的话掷地有声，点破了很多创造发明的关键推动力所在。

  我想本书作者也认同想象力的重要性，因为本书把"想象力"这篇放在全书前面的位置，并且举很多例子表明具备强大想象力的科学家之不同于"凡人"之处——他们往往精力充沛，爱好多样，处事不拘一格，想法层出不穷，着迷于尝试各种奇思妙想。

  但是，丰富的想象力并不是人人都能有的。有人说人的想象力是一种天赋。这种观点会对青年学子的想象力发挥产生不利影响。照我看来，天赋可能是人们想象力差别大的部分原因，但绝不是全部原因。例如，它与人们从小受到的教育也密切相关。"淘气"的孩子在拆卸一支钢笔想看个究竟时往往会受到父母的呵斥，而不是鼓励。"自以为是"的学生提出与老师不同的解题方法时，也往往会受到老师的简单否定而不是鼓励和引导。那么像这样虽有探索未知的动力却不被家长和老师看好的孩子和学生，究竟在哪一种品质上与众不同呢？这就要说到本书另一篇标题中的关键词：好奇心。

  好奇心是点燃想象力的火种，是推动一切科学研究的重要驱动力。对于读研的年轻人来说，他们的动力可能来自不同的方面：为了前途，为了梦想，为了自己在社会上有一个受人尊敬的身份，等等。但是对于一个优秀的读研学生而言，他的最最直接的动力总是来自对科学的好奇心。我们可以毫不犹豫地说：没有好奇心的人很可能做不好科研。从心理学意义上讲，好奇心是包括人在内的许多动物的一种内心冲动，这种冲动驱使他们总想去了解和学习外界的新事物，并且从婴幼儿时期就开始了。对正常健康的婴幼儿而言，这种了解与学习新事物的冲动总是存在的。但是随着年龄的增长，许多人的好奇心逐渐衰退，因为对于正常生活所需要的知识，他们基本上已经了解。但好奇心又是可以培养的。对于事业的追求，对于责任的担当，可以促使一个人对自己研究的对象产生强烈的好奇心。我们不应埋怨父母没有遗传给我们强大的想象力，而应首先问自己，对所研究的科学或技术方向有没有足够的热爱。有热爱的人一定会是有好奇心的。

  当然，想象力并不是人们创新所需的全部资源。如果没有汽油，仅仅是把车钥匙插进车身通一下电，汽车是发动不起来的。同样，如果没有深厚的知识为基础，单靠"天马行空"的想象力也是无法做出重要的创新成果的。不过有关知识的话题太大，我也不就这个问题多说了。

陆汝钤

2021 年 6 月 19 日于北京

FOREWORD 前言

　　山外有山，人外有人。论自己的科研水平，论指导学生的能力，显然我不算出类拔萃。但为啥想写这本"读研秘籍"呢？有几层原因。

　　一是从读硕士、博士6年到2003年来复旦工作，从自己跟导师学着做科研、学着指导学生到独立带学生做科研；从一个人做科研到现在有一支团队；从论文署名的"一作"位置慢慢排到最后，不知不觉，我在科研这个行当里摸爬滚打了20余年，形形色色的经验多多少少积累了一些，感觉还是值得分享的。

　　二是现在这个时代与20年前有了很大的变化，一方面学生的知识获取渠道丰富了，另一方面机会成本也上升了。似乎不读个研究生，在就业或从事科研工作方面就有可能不太容易得到用人单位的认可，未来的上升空间也相对变窄。那么，如何有效利用读研、读博的时间来全方位提升自己的能力呢？又有哪些方面容易被忽略呢？可能很多人对研究生要"读什么"存在误区，如本科生对自己读研的学习和科研习惯养成上的误区、研究生读研期间的时间分配误区、家长和社会对研究生读研能力培养的认识误区，甚至导师本身可能也存在对研究生培养的定位误区，等等。所以，我希望能把我自己在培养研究生过程中，碰到过的各种问题和找到的解决办法，以及我的一些体会和认识分享出来，避免读者走入误区。

三是定位。目前市面上有关读研的图书并不少。有些书更关注科技论文的写作，却忽略了研究生生涯的其他方面，如心理健康、师生关系、团队合作等。也有些是国际上著名学术专家写的，要么是从国外研究生的角度来写的，不太适合中国国情；要么是视角过于高屋建瓴，很多导师、学生即使原封不动地重复其经验，都有可能会画虎成狗，学不到精髓。所以，我希望这本书的内容定位在适中的科研水平，并尽可能完整覆盖读研的方方面面，让更多的同学、老师甚至家长读了这本书后，能真正用到里面的经验。

四是写作手法。多数读研的书形式比较严肃，像一本教材。这从某种意义上有可能降低了读者想读这类书的渴望。所以，我尝试着把这本书写得尽可能通俗、有趣，甚至会多加入一点儿幽默感，有的章节还是通过比喻的方式来讲述的。同时，我也注重在内容方面有理有据，介绍了不少发生在著名科学家、自己或朋友身上的科研真实经历，以便读者能知道其中的道理或经验都是切实可行的。此外，我的写作态度也十分认真。作为仍在一线的科研工作者，写科技论文是我的基本功。所以，我也很自然地用写科技论文的习惯与态度来写书，确保书中内容逻辑合理、无明显漏洞。这样一来，如果读者愿意把这本书当作茶余饭后、睡前催眠的读本来读，就能顺便帮其提高读研的能力。当然，如果真能达到这效果，那这本书就真正成为"秘技"和"秘籍"了。

五是平衡。我对我的科研水平有很清楚的认识。在科研上面，我还有很多不足，需要通过继续学习来弥补。但从做科研、指导学生、申请项目、维护家庭、保持爱好等方面综合来看，我自以为做得还算比较均衡，没有顾此失彼。所以，如果有希望从平衡的角度来考虑和从事科研的学生、导师，不妨阅读本书，也许可以从书中找到些可以借鉴的经验。

基于以上考虑，我将本书分为30篇，大致包括了时商的意义和误区、想象力的培养、研究生需要的科研特质、导师的科研能力评价、成为一名研究生的条件、讨论班和做报告的作用、在科研团队里每个人的角色、论文的完整写作技巧、如何形成创新思想、学术合作的形式、研究方向的选择、心理状态的调适、好奇心的培养、师生关系的处理、低效科研的避免、科研与爱好的平衡、研究生毕业后的方向选择等。我期待通过这些方面的介绍，让读者完整地了解读研生涯的每个细节。

另外，本人的见解只是一面之词，不是唯一的，也不是最优的读研方案，本书也显然不可能涵盖读研过程中可能遇到的所有问题。所以，本书最多只能看成读研经验分享类图书中的一本。各位读者不妨根据自己的条件和周边环境情况，去粗取精、去伪存真、由此及彼、由表及里地了解、优化，进而形成适用于自己特点的最佳读研方案。除此以外，尽管我对本书做了多次检查，但百密也有一疏，如果还存在问题，还请包涵或指出，我将在后续版本中一一订正。

最后，我要特别感谢中科院陆汝钤老师能抽出宝贵时间为本书写序。我也要感谢科学网连续 20 余次将本书的系列文章推荐至科学网头条，感谢中国自动化学会在其学会刊物上的推荐。与网络发表的版本相比，本书做了大幅度的改进，增加了近 60% 的内容，在行文和措辞方面也做了调整。我衷心感谢人民邮电出版社宁茜、周璇编辑对本书出版的帮助，感谢复旦大学马臻教授对本书的审核，感谢西安理工大学孙强教授对本书的书名提出珍贵的建议，也感谢在写作本书的过程中很多朋友提出宝贵意见。我还要感谢家人和我的学生们对本书写作的理解和支持。没有大家在科研和生活上的顺畅配合，我显然抽不出空余的时间来撰写本书。我还要感谢科技部国家重点研发项目"人－机器人智能融合技术"（No. 2018YFB1305104）、教育部指导高校科技创新专项项目"人机协同混合智能算法规划研究"（No.000011）对本书的支持。

谨以此书献给我的父母：张科文和谢德辉。

张军平

2021 年 5 月 15 日于上海

CONTENTS 目录

01 时商，从爱多士说起 /01
    爱多士的时商与传奇 /01
    "内卷"的竞争 /02
    不可或缺的时商 /02
    时商提高小窍门 /04

02 时商与基础误区 /06
    学习的基础误区 /06
    人工智能基础书籍 /07
    高阶数学与优化书籍 /08
    以点带面的基础学习 /08
    从会议、期刊找点 /08
    摘要、代码快速扫盲 /09
    综述、参考文献拓宽，形成倒金字塔 /09

03 我的想象力飞了起来 /12
    著名科学家的有趣轶事 /13
    独轮车上的想象力 /14
    艺术激发想象力 /15
    幼态持续与广泛的兴趣爱好 /15

04 湖南人的霸蛮与多巴胺 /17
    无问西东 /17
    科研品质 /18
    拉马努金和陈景润的"吃得苦" /18
    步态识别的"耐得烦" /19
    "灵泛"的"霸得蛮" /20
    跳出舒适圈的挑战极限 /20
    寻找勇气的多巴胺 /21

05 戏说寻师 /22

06 寻师的五个维度 /26
    了解导师 /26
    论文寻师法 /27
    所谓的"学科鄙视链" /27
    论文作者排序 /28
    论文数量明辨 /28
    论文的ESI、H指数和引用次数 /28
    项目寻师法 /30
    学术活跃度寻师法 /31
    梯队结构寻师法 /31
    个性匹配寻师法 /32

07 高徒出名师 /34
    寻找千里马 /34
    本科选才 /35
    研究生选才三节点：夏令营 /37
    研究生选才三节点：9月推免 /38
    研究生选才三节点：考研 /39
    科研与考研的不对等 /40

08 "泡泡糖"与脱口秀 /42
    初次报告获好评 /42
    中国机器学习及其应用研讨会 /43
    "泡泡糖"的逻辑与观点表达 /44
    "泡泡糖"的制作技巧 /45
    脱口秀 /46
    科普解读 /47
    声音、节奏的魅力 /47
    时间与情绪控制 /47

09 讨论班与综合科研能力 /49
    质疑的能力 /49
    处理犯错的能力 /50
    泛读文献的能力 /51
    头脑风暴 /51
    组织讨论班 /52
    自行组织讨论班 /53

10 不对称的压力与科研流水线 /54
    科研的不对称压力 /54

科研流水线 /55
自律与效率 /55
导师的累积压力 /56
导师们的辛酸琐事 /56

⑪ 论文的选题与选标题 /58

统计学习选题风云史 /58
泛滥的核函数选题 /59
不同的选题偏好 /60
选标题的门道 /60
吸引眼球的标题 /61

⑫ "重灾区"论文摘要 /63

机会成本上升 /63
论文摘要重灾区 /64
摘要基本框架 /64
三分钟拒稿法则 /65
写摘要与关键词的节点 /66

⑬ 引人入胜的开场白 /68

问题的引出 /68
难点和贡献的突出 /69
相对全面的现状概述 /69
论文的贡献与结构 /70

⑭ 综述东来顺,引用西太后 /72

数据驱动的智能交通综述 /72
"相关工作"写法与误区 /74
综述论文的意义 /76
综述的前瞻性和引领性 /77

⑮ 创新——从亨廷顿舞蹈病说起 /79

寻找亨廷顿舞蹈病的药方 /80
论文的核心:创新 /81
符号的统一约定 /82
低级错误与有效证明 /82
算法创新的表达 /83
论文投稿的次序 /85

⑯ 完备的实验 /87

实验有无? /87
数据集选择与细节交代 /88
评判标准 /88

预测性能 /89
假阴性,假阳性 /89
显著性检验 /90
代价 /91
参数的影响 /91
主观评价标准 /92
洞察 /93

⑰ 虎头蛇尾、画蛇添足的结论 /95

虎头蛇尾 /95
画蛇添足 /96
附录与补充材料 /96
最方便挑刺的参考文献 /97

⑱ 完美主义的排版 /100

排版与第一印象 /100
常用排版软件 /101
论文结构与字体规范 /102
图的画法和排版 /102
表格技巧 /103
公式写法小技巧 /104
参考文献小技巧 /105
精细化调整 /106

⑲ 兼听则明的评审与回复 /108

同行评议的意义 /108
同行评议的弊端 /109
在线论文的利与弊 /110
小李飞刀与温柔一刀 /110
回复规范 /112
评审间的讨论 /113
致谢 /114

⑳ 合作共赢 /115

团队合作 /116
组内合作 /116
组组合作 /117
交叉合作 /117
国际合作 /118
同行合作与强强合作 /119
师生共赢 /119
科研孤狼 /120

21 顶天科研，立地应用 /122

软硬环境不足 /122
数据优势在企业 /123
21 世纪最缺的是什么：人才 /123
科研院校的优势：基础 /124
科研院校的优势：大局观、人才与交叉学科 /124
校企深入合作 /125
容易被忽视的专利 /126

22 科研后浪 /128

青年的年龄定义 /128
后浪的求知欲 /129
抗打击能力 /129
走出信息茧房 /129
创新能力强 /130
碎片化时代 /130

23 冷门、热门研究 /132

人工智能的"冷门"研究：统计学习 /132
人工智能的"冷门"研究：深度学习 /133
深奥的数学基础 /133
超前的卡尔曼滤波器 /134
热门方向与成就感的冲击 /134
短板问题 /134

24 心理暗示与挑战极限 /136

维修工的心理暗示 /136
挑战极限 /137
导师的经验 /138
天道酬勤与抗干扰能力 /138
美食与运动 /139
共处与多肉植物 /139

25 好奇心与细节，决定成败 /140

重拾好奇心 /140
成就感 /141
细节决定成败 /141
自律拉大差距 /142
坚持与毅力 /142

26 师生——兔子的玄武湖 /143

玄武湖的兔子 /143

兔子的小技巧 /144
控速与防捧杀 /144
示范、毅力和狂热 /145
回到起点的兔子 /145
1024 的玄武湖 /146

27 内卷下的学术诚信 /147

机会成本上升的竞争 /147
无处不在的内卷 /148
避免简单问题复杂化 /148
学术诚信 /149
学术不端的风险 /150

28 爱好与科研——"背包"里的游戏人生 /152

第一台个人计算机 /152
游戏攻关 /152
游戏机写论文 /153
游戏助学习 /154
游戏科研 /154

29 慢养的诺贝尔奖：自由而无用的灵魂 /155

诺贝尔奖 /155
不能输在起跑线上？ /156
慢工出细活 /156
自由而无用 /157

30 诗与远方 /159

学术生涯 /159
企业人生 /161
围城：企业与科研院校 /161

附录 1 实用论文工具 /164

附录 2 实用代码工具 /166

附录 3 专业画图工具 /167

附录 4 期刊和会议推荐 /169

我的非正式个人简介 /172

01 时商，从爱多士说起

> "星期四在美国的圣克拉拉参加数论会议，星期六将出席在加拿大的温尼伯举行的数论与计算讨论会，晚上在一间匈牙利餐厅接受宴请。星期天即飞往多伦多，从机场直接去滑铁卢郊游并参加讨论，晚上回多伦多搭机去伦敦，因为下周一上午 11 点在帝国学院安排了演讲。接着再到墨西哥城，折回美国到得克萨斯、佛罗里达、孟菲斯，然后是去苏黎世，回到布达佩斯之后，再去印度。" —— 引自《20 世纪数学经纬》[1]

▽ 爱多士的时商与传奇

上面这段引文是匈牙利著名数学家保罗·爱多士（Paul Erdős）1979 年 12 月的一段旅行日程。需要指出的是，在当时的国际环境下，匈牙利人出国是需要"面签"的，因此，考虑其出国的次数，不难推测，爱多士在办理签证上耗费掉的时间也不少。

但在如此密集的学术交流和出访下，截至 1979 年，爱多士与他人合作发表的文章近 900 篇。而其一生与 511 人合作发表了 1500 多篇论文，远远超过他之前的最高纪录创造者——英国数学家凯莱（Cayley），他发表了 927 篇论文。

爱多士的工作绝非缺乏创新性或是低水平的粗制滥造。1983 年，匈牙利科学院的爱多士和当时在加州大学伯克利分校的陈省身同时获得了被誉为数学界的"诺贝尔奖"——数学领域最高奖项之一的沃尔夫数学奖。不仅如此，据不完全统计，他还培养和发掘了百余位数学天才。如曾与他一起证明过爱多士 – 波萨定理，并在后来获得了匈牙利国家最高奖——塞切尼奖的数学家波萨（Louis Pósa）；及智商近160、获得过菲尔茨奖的华裔数学家陶哲轩——在陶哲轩10岁时，爱多士就对其论文进行过指导。

为了纪念爱多士在数学领域的杰出贡献，科学界以他的名字定义了"爱多士数"（Erdős Number），简称埃数（国内也有将爱多士译成埃尔德什的译法）来纪念他，以此来反映与爱多士产生某种联系的程度和距离。爱多士数0表示爱多士自己，而1则是与爱多士本人有过直接联系或合写过论文的，2表示与爱多士合写过论文的人合写过论文的。比如，国内曾与爱多士直接合作过的中国科学院数学与系统科学研究院研究员王建方，他的爱多士数就是1。

显然，爱多士的经历充满传奇色彩，而他对科研时间的有效利用也是标杆级的。大家有兴趣的话，不妨读读中国科学院院士王元翻译的《我的大脑敞开了：爱多士的数学之旅》一书，书里详细介绍了爱多士传奇的一生[2]。

▽ "内卷"的竞争

一般来说，在学历教育上，研究生基本已经处于教育金字塔的顶部。但是，研究生毕业后面临的择业竞争、就业竞争压力却一点儿不比从前小，甚至加剧了。

记得在我读大学的那个年代，中专生也可以找一份较好的工作。但随着高等教育的普及，全民对教育的重视程度越来越高，"中专毕业就能找份好工作"的认知早已过时了。现在，一个人要成功，需要付出的机会成本远高于20年前，有人将其称为"内卷"。

举例来说，2019年，我的一位当时即将毕业的学生去求职。据他说，一些热门公司会收到近千份简历，却只招收不到10名新员工。当然，他去应聘的都是与人工智能相关的热门行业。2012年以来，人工智能的重要突破——深度神经网络模型，在预测性能方面快速提升，同时，与人工智能相关的其他应用领域也成果累累，所以，人工智能方向目前正处在第三波热潮中。但是，抛开人工智能专业不说，其实各行各业都面临机会成本明显上升、内卷加剧的问题。

▽ 不可或缺的时商

那么，研究生怎样才能在学术或求职道路上获得更好的机会呢？显然，个人能力强是最重要的。学术或职业生涯中的个人能力强体现在什么方面呢？除了智商，一般我们能想到的还有情商，还有一种经常被我们忽略的——时商。

时商是什么呢？它反映了人对时间的利用效率，和在此基础上形成的对学业或工作的绝对投入时长。利用效率是时商的第一层意思（见图1-1）。所以，对于研究生来说，我不认为一天到晚待在实验室里，就一定意味着时商高。只有效率提高了，时商才会高。比如，学生听课，有些学生能充分利用上课45分钟把课堂内容消化完，甚至举一反三，回家后自然就不用花多余时间复习，还有时间做些别的事情，如培养个人的业余爱好；而有些学生上课容易走神，以至于即使回家后花更多的时间来复习也收效甚微。我记得我在上初中时数学成绩不好，一个可能的原因，就是某次数学课我低头想了下别的事情，等抬头时，就发现后面的数学课几乎听不懂了，然后成绩一度一落千丈。这就是我当时时商极低的表现。

图1-1 时间最不偏私，给任何人都是二十四小时；时间也最偏私，给任何人都不是二十四小时

从管理研究生的角度来看，如果实验室开始以打卡作为衡量研究生科研投入的标准，就说明实验室的科研管理出现了问题。因为学生虽然人在实验室，却很有可能心不在焉，并未专门做与科研相关的工作，也有可能在忙他们认为更重要的其他事情，比如打游戏或准备求职的相关事宜。这样的话，即使强制学生待在实验室，科研效率仍然是很低的。导师找学生讨论问题时，看到的也许只是学生计算机上空白干净、始终如一的桌面和学生熟练地使用屏幕切换快捷键的动作。

另一方面，我们又确实需要绝对投入时长。现在的科学研究，方向已经越来越专业化和细化。结果就是，几乎每个细化的方向上，都有很多国内外同行在进行相似问题的研究，其中不乏来自名校的优秀研究生和知名教授。因此，研究生们千万不要过分自信，认为自己可以在玩游戏后或在做完其他杂事后，用较少的时间投入科研，就能够拼得过那些可能更聪明又更努力的同行们。

如果把科研需要的时间分解一下，我们就会发现，阅读论文的量的累积是需要绝对时间的，做充分有力的实验也需要绝对时间，写能形成影响力的论文更需要绝对时间。但现实中，不少研究生认为自己可以用少量的时间和临时抱佛脚的投入完成科研目标，直到快毕业的时候，才猛然醒悟，自己其实并没有像初入学时自以为的那么有实力。

归根结底，对于科研工作者而言，时商的提高更多的还是要靠自律。正如谚语所说："强扭的瓜不甜"。导师的职责在于引进门，但能否做好准备、抓住机遇，还得看学生自己。

▽ 时商提高小窍门

那么，如何能够提高时商呢？熟能生巧是办法之一。北宋大文学家欧阳修的《卖油翁》里，卖油翁能够自钱孔沥油而钱不湿的秘诀是"无它，惟手熟耳"。而俗语也有"熟读唐诗三百首，不会作诗也会吟"。

做科研，道理是一样的。如果论文没读到一定的数量，研究生是很难对相关研究领域的热点、难点及创新点进行快速反应和判断的。所以，多读论文是逐渐提高时商的必要环节，这样才能把读论文的速度由最初的慢变成了解后的快。有些喜欢读论文的朋友曾建议过，可以考虑充分利用时间间隙。比如，你可以在手机上安装阅读论文的App，如在线论文发表网站 arXiv 手机端的软件，然后没事的时候就"刷"论文，走路时"刷"，上厕所时"刷"，利用各种可以想到的时间"刷"论文。

另外，我们还可以考虑提高自身的反应速度。比如适当地锻炼身体，如跑步、游泳和打球。这既能帮助我们提高身体素质，又能提高大脑的反应速度和抗风险能力。

值得指出的是，跑步配速不快的话，还能边跑边整理研究思路和方案。这比起空暇时一会儿拿手机刷朋友圈一会儿又思考问题，也许会更有效一点儿。尤其是，跑步中分泌出的多巴胺说不定还有助于我们快速找到研究问题的突破口。

除了跑步，可能还有时间是能利用的，就是通过睡觉来学习，俗称梦境学习[3]。梦境学习中，最基本的做法就是睡前闭上眼睛回顾自己这一天做过的相关研究，整理思路，然后暗示自己晚上能梦到相关的内容即可。据说1986年汉城（首尔）亚运会时，当时韩国国家队的田径教练就要求过其参赛队员在睡前要进行动作要领的回顾。除了巩固学习，梦境也许还能帮助人们发现一些有趣的现象或解决科研中碰到的瓶颈问题。

不过梦境学习的难点在于，人类多数情况下会在醒来 30 分钟后忘记做过的梦是什么。另外，不能过于提倡梦境学习，特别是在白天的时候，不然就无法界定到底是在学习，还是在偷懒睡觉、做白日梦了。

参考文献：

[1] 张奠宙. 20 世纪数学经纬 [M]. 上海：华东师范大学出版社，2002.

[2] SCHECHTER B. 我的大脑敞开了 [M]. 王元，李文林，译. 上海：上海译文出版社，2002.

[3] 张军平. 爱犯错的智能体 [M]. 北京：清华大学出版社，2019.

02 时商与基础误区

▽ 学习的基础误区

一般来说，研究生和本科生在学习上是有本质区别的。当然，国外那种一年期的硕士学习除外。但是，对于多数研究生新生来说，容易有定式思维，以为只要继续按本科生的学习模式来，就能顺利完成研究生的学业。殊不知，这里存在一个重要的学习方式误区，即基础误区。

没有经过科研训练的本科生，在刚成为研究生时，总会担心基础不牢，想当然地认为必须先把基础知识掌握和巩固好，才好切入科研课题的研究，甚至认为基础知识不扎实就没办法找到研究课题或方向的突破口。于是，他们会习惯性认真地、反复地看相关专业的基础书，甚至觉得最好把每本书章节后面的习题也都刷一遍，才能提升科研能力，让自己正式做研究时心里有底。

图 2-1 科研书山

这种做法有好的一面，基础稳固了，在思维逻辑、知识体系上会很严密。然而，对研究生来说，从时商的角度来考虑，这并不是合理的方式。

▽ **人工智能基础书籍**

"科研书山"的基础是永远打不完的。以我相对熟悉的人工智能方向为例。如果要先打基础，学生应该选择一些经典的教科书来学习和入门。比如早期大家都爱看的、Duda 等撰写的《模式分类》（*Pattern Classification*）[1]，曾经被视为红宝书的、很多人喜欢做书后习题的 Bishop 撰写的《模式识别与机器学习》（*Pattern Recognition and Machine Learning*）[2]。再比如在亚马逊平台机器学习领域长期销售量第一的，由三位斯坦福大学统计系的著名教授（Trevor Hastie、Robert Tibshirani 和 Jerome Friedman）合作撰写的《统计学习要素》（第二版）（*The Elements of Statistical Learning, 2nd*）[3]，"统计味"和"干货"十足，是一本对人工智能中的机器学习有着不同视角但非常有价值的书。该书中文版也已经于 2021 年 1 月面世，由清华大学出版社出版，是我翻译的。还有近年来，国内绝对畅销的、知识点全面且精炼的，由机器学习专家南京大学周志华教授撰写的《机器学习》（因封面和样例常用西瓜，俗称"西瓜书"）[4]。而最近这几年特别受大家追捧的、提出生成对抗网的 Ian Goodfellow 与 2019 年图灵奖得主 Yoshua Bengio 等合写的《深度学习》（*Deep Learning*）[5]也是近年来研究人工智能深度学习网络模型的重要参考资料。

图 2-2 作者翻译的《统计学习要素》

如果觉得自己统计和数学基础好，还可以看看 Devroye 等写的《模式识别的概率理论》（*A Probabilistic Theory of Pattern Recognition*）[6]，这本书通篇是从模型预测未知样本能力的泛化上界的角度来理解人工智能核心技术的。也可以读从博弈论角度切入的，Nicolò Cesa-Bianchi 等写的《预测，学习和博弈》（*Prediction, Learning and Games*）[7]，该书在学习假设上，抛弃了常规机器学习里的独立同分布假设，即采样的数据与未知的分布具有相同分布且独立采样。要想了解小样本下的变量间推断机制或具有可解释性的机器学习方法，还得看曾与人工智能领域著名教授吴恩达共同办过在线教育网站 Coursera 的斯坦福大学教授 Daphone Koller 用她很有特色的数学表达写出来的上千页巨著《概率图模型》（*Probabilistic Graphical Model*）[8]。她也曾以此书为基础，精心制作过一套完整的在线视频讲解课程，有很好的参考价值，非常值得看看，有兴趣的读者可以搜索观看。

▽ 高阶数学与优化书籍

另外，2019 年 5 月初，徐匡迪院士在上海的院士沙龙活动中指出，人工智能不能离开数学[9]。所以，数学方面的一些经典教材也值得读一下。比如现代人工智能中常将数据看成处在非欧几何空间的（注：不精确地说，就是长宽高相互不垂直的弯曲空间），那么总得读两至三本微分几何方面的书。如数学大师陈省身与陈维桓合写的《微分几何讲义》[10]，J. R. 曼克勒斯写的《流形上的分析》（*Analysis on Manifolds*）[11]，或者陈维桓写的、多数人可能只能看懂目录的进阶版《微分流形初步》[12]。算法优化也是推动人工智能前进的必要手段，斯坦福大学史提芬·博伊德教授写的《凸优化》（*Convex Optimization*）[13]也得熟悉。还有很多值得读的书，就不再赘述了。其他学科和研究方向我想也是这样，对研究方向，随手就能列出很多经典的书籍。

研究生的在校学习时间是硕士三年或博士三年或硕博连读五年，有可能读完这些书时，学生已经临近毕业了，但还是对书本身的内容一知半解，更不用说能形成对前沿的把握了。如果本科基础不好，或是转专业过来的，有可能书读不到半程，对科研的兴趣就已经被浇灭了。

▽ 以点带面的基础学习

怎样的读书方法，才更适合研究生尤其是三年期甚至更短学制的研究生呢？不妨换个角度，重新定义基础。个人以为，基础应该优先定位在对具体研究方向的前沿的把握上，而非对相对笼统的整个研究领域的宽泛了解上。尤其是在现今研究方向越来越细分化、专业化的前提下，专业领域书籍中的知识在研究生期间并非全会用到。

总之，宜以点带面，而不要以面带点。从研究生培养的角度来看，可能这样做在时尚上才能更有效率，不会浪费时间，也有利于研究生在校期间学有所成。

▽ 从会议、期刊找点

如何找点呢？最简单的办法是从近期发表的、相关专业的学术期刊或会议论文着手。比如人工智能领域著名期刊 *IEEE Transactions on Pattern Analysis and Machine Intelligence*（《IEEE 模式分析和机器智能》）和 *IEEE Transactions on*

Neural Networks and Learning Systems（《IEEE 神经网络和学习系统》），以及一些顶级会议如 NeurIPS（Neural Information Processing Systems，神经信息处理系统大会）、ICML（International Conference on Machine Learning，机器学习技术国际会议）、IJCAI（International Joint Conference on Artificial Intelligence，国际人工智能联合会议）、AAAI（American Associate of Artificial Intelligence，美国人工智能协会）、ICLR（International Conference on Learning Representation，国际表征学习大会）等。通常来说，这些期刊和会议上的文章平均水平较高，创新性较强，能帮助大家更好地了解最前沿的科研进展。值得注意的是，现在人工智能处在第三波热潮中，即使是顶级会议，论文还是太多，如CVPR 2021（IEEE Conference on Computer Vision and Pattern Recognition，IEEE 国际计算机视觉和模式识别会议）的论文接收数量有1663篇，接收率为23.7%。即使一篇一篇认真阅读，也很难找到真正想要了解的学习资料。所以，明确选题很关键。

假定选题已经选好，那么可以通过关键词和搜索引擎，从好的期刊和会议上寻找与自己研究相关的论文，尤其是**引用次数多或新发表的，或相关方向国际上知名团队发表的论文**更要多加关注。与书籍相比，期刊论文的页数少得多。一篇期刊论文一般在 15 页以下，会议则更少，6～10 页不等，而且好的文章都是浓缩的精华。

▽ 摘要、代码快速扫盲

从阅读摘要开始进行初筛，到对觉得有内容的文章进行泛读和进一步的精读，读一篇或多篇密切相关的文章，显然比看书更省时间，且能快速了解这一领域的前沿，包括该领域同行在这一方向上已经达到的水平、在此方向上公用的评测手段，以及存在的不足。细读论文，还能知道同行在提出创新工作时，是如何针对现有不足提出改进方法的，又是如何行文来有理有据地支持其观点或方法的有效性的。有的时候，作者也会分享代码以增加引用率，通过运行这些代码和调试代码中的参数，读者能很快了解文章方法的优势和不足。

▽ 综述、参考文献拓宽，形成倒金字塔

除此以外，这种学习模式也比较容易有针对性地以点带面，即浏览作者撰写的综述部分和提供的参考文献，从文献中形成树状搜索来获得这一领域所需的背景知识、基础，以及不同视角的观点方法等。在阅读中，如果我们发现自己在公式和理论理解上存在障碍或偏差，可以再按图索骥地到更基础的教科书或工具书中找答案。通过这种学习模式，最终形成对该研究方向的总体印象，一个点扩张成一个面甚至是一个能支撑这个点的倒金字塔式知识结构，这样构成的倒金字塔的底是扎实且具有一定针对性的。我记得我当年考硕士研究生的时候，也采用了这一策略，效果还不错。因为大学毕业后就工作了，有五年时间完全没碰过专业书，以至于数学基本忘光了，所以为了能考上研究生，只好把树状搜索的深度做深一点儿，当时连初等代数的内容都重新复习了一遍。

回到正题，这样形成的基础不仅能让学生对其研究方向有好的前瞻性，也能让学生快速对待研究方向存在的问题形成深刻认识，以期在相对短的时间内找到突破口。

另外，除了研究方向的针对性强以外，与从书籍来打扎实的基础相比，阅读论文也许还有一个额外的好处，就是不太容易被教科书中的条条框框束缚。有句话说得好，知识越多，思考越难。人类的创新往往都是从犯错开始的，甚至可以等同于一种犯错。如果过于遵守或相信教科书中的规范与准则，其实我们就容易限制住自己的想象力或想象空间，不敢进行批判性思维。所以，我们需要或多或少地避开基础误区。

那如何能激发好的想象力呢？下篇分解！

参考文献：

[1] DUDA R O, HART P E, STORK D G. Pattern classification[M]. Hoboken, NJ: Wiley-Interscience, 2000.

[2] BISHOP C M. Pattern recognition and machine learning[M]. New York: Springer-Verlag, 2007.

[3] HASTIE T, TIBSHIRANI R, FRIEDMAN J. 统计学习要素 (2nd edition)[M]. 张军平，译. 北京：清华大学出版社，2021.

[4] 周志华. 机器学习 [M]. 北京：清华大学出版社，2016.

[5] GOODFELLOW I, BENGIO Y, COURVILLE A. Deep learning[M]. Cambridge, MA: The MIT Press, 2016.

[6] DEVROYE L, GYORFI L, LUGOSI G. A Probabilistic theory of pattern recognition[M]. New York: Springer-Verlag, 1997.

[7] CESA-BIANCHI N, LUGOSI G. Prediction, learning and games[M], Cambridge, UK: Cambridge University Press, 2006.

[8] KOLLER D, FRIEDMAN N. Probabilistic graphical models: principal and techniques[M], 王飞跃，韩素青译. 北京：清华大学出版社，2019.

[9] 徐匡迪. 中国有多少数学家投入到人工智能的基础算法研究中？上海院士沙龙 [EB/OL]. [2019-05-01].

[10] 陈省身，陈维桓. 微分几何讲义 [M]. 北京：北京大学出版社，2001.

[11] MUNKRES J R. Analysis on Manifolds[M]. Boulder, CO: Westview Press, 1997.

[12] 陈维桓. 微分流形初步 [M]. 北京：高等教育出版社，2001.

[13] BOYD S, VANDENBERGHE L. Convex Optimization[M]. Cambridge, UK: Cambridge University Press, 2004.

03 我的想象力飞了起来

独轮平衡车左踏板不慎擦到高一级台阶的下沿，导致独轮车卡住了。借着伟大的惯性定律，我瞬间双脚离开踏板，向前飞了出去。飞行中，我意识到我对想象力的追求有点儿走火入魔了。

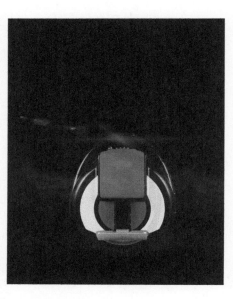

图 3-1 独轮平衡车

▽ **著名科学家的有趣轶事**

2019年10月9日，世人瞩目的诺贝尔奖颁奖了。化学奖颁发给了对锂离子电池有突出贡献的约翰·B. 古迪纳夫（John B. Goodenough）、斯坦利·惠廷厄姆（Stanley Whittingham）和吉野彰（Akira Yoshino）。其中，以97岁高龄获奖的古迪纳夫颇有些传奇色彩，他54岁才转行研究锂电池，不得不让人感叹科技创新并非完全由年轻人独享，"只要心中有梦，年龄就不是问题"。而"不正经"的日本TBS电视台，还特意到日本化学家吉野彰年轻时常去的酒吧，采访了那里的老板。

量子电动力学奠基人之一的费曼（Feynman）也爱去酒吧，喜欢在酒吧里做自己的研究工作。他有趣的轶事很多，其中1986年美国航天飞机"挑战者"号失事后，他在国会做了著名的O形环演示实验尤其有名。只用了一杯冰水和一只橡皮环，他就浅显易懂地给公众科普了"挑战者"号失事的根本原因，即低温下橡胶失去弹性。还有就是他在量子电动力学上自创的一套新理论体系。据说在未成名之前的某次学术大会上，为了帮助大家理解一个学术报告的内容，他主动上台用自己的方法去尝试解释，结果被主持人轰下了台。他独特的思维方式给世人留下了与众不同的重要财富。如果觉得量子电动力学离我们太远，有兴趣的读者不妨去读一下费曼（也有译为费恩曼的）写的物理学讲义，感受一下他在书里留下的独特思维和想象力的烙印。细细品读，真有见书如见人的感觉。

"计算机之父"图灵（Alan Turing）也是位个人特色非常鲜明的传奇人物，他还是人工智能方向的先驱之一。他于1950年提出了著名的"图灵测试"，用于测试机器是否真正具有智能。该测试的策略大致是，将被测试的人和机器分别关在两个密闭的房间里，然后让检验者去问问题，由这两个房间里的人和机器分别回答。如果5分钟内，有超过30%的回答不能使检验者分辨出回答问题的是人还是机器，那么就可以认为机器通过了"图灵测试"。时间一晃过去70多年了，偶尔会有报道说某某方法通过了"图灵测试"，但不久就会有辟谣出来。直到今日，非常遗憾，我们还没有见过一台能真正通过图灵测试的机器。

除了在人工智能方面的卓越成就，图灵在跑步上也天赋异禀。在1946年8月，34岁的图灵首次参加正式比赛，在3英里（约4.8千米）跑的成绩就到了15分37秒（相当于3分15秒每千米的配速），此成绩在英国排名第20位。后来在1947年的英国业余田径协会马拉松比赛中，图灵还跑出了2小时46分03秒的个人最好成绩。虽然这一成绩无法与2019年10月12日下午35岁的肯尼亚长跑运动员埃鲁德·基普乔格跑进 2 小时的马拉松纪录相比（1 小时 59 分 40 秒，相当于用 2 分 50 秒每千米的配速跑了 42.195 千米）。但是，在没有先进科技材料制作的跑步装备和高技术辅助训练的前提下，同年龄的图灵在当时的跑步速度和耐力都已经是相当厉害了。他跑步的方式也很独特，除了总是伴随着惊人的喘气声，他跑步时常常紧握着双拳，高抬着手臂，两腿也是不自然地向外拐。不过，因为不科学的跑姿引起的腿伤和其他原因，最终没能让他成为一名世界著名的田径选手。但是，这并没影响他成为人工智能史上不可或缺的代表人物。为了纪念图灵的杰出贡献，2021 年 6 月 23 日英格兰银行还发布了以他为主题的新 50 英镑纸币。

▽ 独轮车上的想象力

对计算机领域和信息领域有过突出贡献的，还有一位传奇人物也值得一提，那就是克劳德·艾尔伍德·香农（Claude Elwood Shannon）。作为"信息论之父"，他提出的香农定理如香农第一编码定理、有噪信息编码定理等在信息压缩、图像压缩等领域长期起着重要的指导作用。不仅如此，他还有很多专业外的发明创造。在贝尔实验室和麻省理工学院的研究生涯中，他曾设计过 W. C. Fields 杂耍机器人，这是他最喜欢的一项发明。他还有一些让人意想不到的能力。在某次宴会上，他担心听众会感到厌倦，便当场拿出三个小球表演杂耍，全场彻底沸腾。而他让大家印象最深刻的轶事是，香农经常骑着老式独轮车来上班。对于独轮车的偏好，甚至促使他在 1973 年与他人合作成立了美国独轮车手协会。

我个人比较崇拜香农，也很想像香农一样，有那么多奇妙的想象力，所以我在 2015 年 10 月的时候，鼓足勇气学了电动的独轮平衡车。从完全不上去，到能滑一米、十米……通过不懈的努力，我终于能站在上面骑行了，甚至倒骑、单脚骑也能做到了。我希望能多骑骑平衡车，说不定想象力能提升不少。只是某一天骑的时候，我突然头脑一热，大胆地想换个玩法，便沿着某个台阶的第二级水平前进。结果还是学艺不精，独轮平衡车左踏板不慎擦到高一级台阶的下沿，导致独轮车卡住了。借着伟大的惯性定律，我瞬间双脚离开踏板，向前飞了出去。飞行中，我意识到我对想象力的追求有点儿走火入魔了。看着路人注视我的目光，我不禁想起了《丁丁历险记》的《蓝莲花》中的一幅漫画。故事是这样的，日本大使找到被监禁的丁丁后，拿出一笔钱希望丁丁接受他的一个坏主意。结果，丁丁将他一脚踢出门外。门外等候的大使随从看着躺在地上狼狈的大使和满地散落的钞票，对大使说："他拒绝了？"大使回答道："你怎么知道？"

▽ 艺术激发想象力

除了这些方式，对音乐艺术的爱好也是激发想象力的方式之一。比如提出过狭义相对论、广义相对论，因为光电效应获得诺贝尔物理学奖的大师爱因斯坦会拉小提琴。不论到哪里，他都会带把小提琴。有些关于爱因斯坦的传记中还指出，爱因斯坦喜欢巴赫和莫扎特作品中的简明、清晰，这些作品为其创建新理论提供了某种相似品质的启示。比如狭义相对论，虽然名字复杂，但只要假定运动的相对性和光速不变性这两个简单事实成立，就能推导出这一理论。而广义相对论，也是根据加速度意义下等效原理的基本假设形成的。

图 3-2 爱因斯坦名言

曾对人工智能提出疑问的徐匡迪院士，也曾在杨澜的一次访谈中坦言自己爱好唱歌，会拉大提琴，中学和大学期间都参加过管弦乐队活动。

这样的例子不少，多读些传奇人物尤其是科学家的传记，就会发现想象力的来源各不相同，有些甚至是大相径庭，但归纳起来，有两点是比较共性的，可能是想象力的重要来源：一是幼态持续，二是广泛的兴趣爱好。

▽ 幼态持续与广泛的兴趣爱好

英国德斯蒙德·莫里斯在其撰写的人类行为学著作《裸猿》中曾指出，人类之所以能凌驾于其他智能体之上，一个重要的原因是幼态持续[1]。这一现象在其他动物中可能很难见到，因为它们需要解决的首要问题是生存，如果长时间保持在幼态就很容易被淘汰。所以，很多动物如小鹿出生没多久就得学会走路、奔跑。

而对于人类来说，因为长辈的保护以及人类已稳稳站在地球食物链的顶端，幼态持续反而有了得天独厚的好处。它让身体外形缓慢变化，也让人类有了一个漫长的学习期。世界上，可能没有任何一种动物能像人类这样，可以花 20 多年甚至更长时间来学习知识。而爱好学习、对新鲜事物和知识有好奇心，都可以视为幼态持续的一种外在表现。同时，幼态持续也延缓了心理年龄的增长，它能帮助人们尽可能地避免一些固有的条条框框、不断走出自己的舒适圈、激发有趣且有益的想象力。简单来说，要想做好研究，最好能够保持一颗对世界永远好奇的童心。在我的印象中，幼态持续时间最长的人当数《名侦探柯南》中的主角，从1996年开播至今，20多年过去了，他还在上小学一年级。不过也得记住，在科研上，保持幼态应该是心态上的，可不能让自己的学术水平长期保持在"一年级"的幼态上。

二是广泛的兴趣爱好，比如音乐、艺术、健身、旅游、摄影、读书等。兴趣爱好能帮助人们学会触类旁通和借鉴，避免僵化，思考问题时能够更加宽泛一点儿、活络一些。然而需要注意的是，爱好应该是发自内心的爱好，而不应是不得已而为之或是带功利性目的的。另外，我们也得注意爱好与科研间的平衡，不要沉溺于爱好中不能自拔。

可是光有这两点是否就能在科研或人生道路上获得成功呢？显然不是，那我们还缺什么呢？

参考文献：

[1] MORRIS D. 裸猿 [M]. 何道宽, 译. 上海：复旦大学出版社，2010.

04 湖南人的霸蛮与多巴胺

> 湖南人的性格可以用四句谐语总结：吃得苦、耐得烦、霸得蛮、不怕死。
>
> 科研创新也需要这样的品质。

▽ 无问西东

2018年2月4日，我看了由4个小故事组成的电影《无问西东》。影片讲述了4个不同时代的清华大学学生如何寻找自我的故事。其中一个故事，与抗日战争期间由北京大学、清华大学和南开大学联合组建的西南联合大学有关。这让我想起2000年9月，我刚开始在中国科学院自动化研究所攻读博士时，参加的所里举办的新生开学典礼。戴汝为院士在致欢迎词时，也给我们讲起了西南联合大学的学习情况。简陋、艰苦，就是这样的环境，造就了非常多的大师级人物，两位诺贝尔奖得主、170余位两院院士、8位"两弹一星"元勋。他也给我

图 4-1　作者攻读博士期间，摄于中国科学院自动化研究所门前

们提了个问题：是否一定要有优越的科研环境，才能获得好的创新成果呢？

▽ 科研品质

时间过去20多年了，戴汝为院士的话让我记忆犹新，深有感触。我想，科研工作者具有好的想象力，是科研创新的必要前提之一。为科研人员构建舒适的科研环境和提供充足的实验设备，肯定有利于科研人员做出好的研究，尤其是那些严重依赖硬件的研究领域。除此以外，还有一个与软硬件设备无关的重要因素，那就是科研人员自身需要具备的独有特质。

我是湖南湘潭人，所以我觉得不妨用湖南人的特点来形象概括科研创新需要的品质："吃得苦、耐得烦、霸得蛮、不怕死"。

▽ 拉马努金和陈景润的"吃得苦"

这里的"苦"当然不是说吃苦瓜能明目的那种苦，何况如果烹饪得当，苦瓜汤还挺好喝的。"吃得苦"是指不过于追求或在意环境的舒适性。在我所知道的科学界中，国际上有这一特质的当数印度的数学奇才拉马努金。

出身贫寒的拉马努金是个偏科生，除了数学以外，在其他科目上成绩都不理想。他在数学上并没有受过专门的训练，却有很强的数学直觉，能够在不做详细证明的情况下，直接给出某些重要问题的结论或猜想。比如，1973年比利时数学家德利涅就因为证明了拉马努金在1916年提出的一个猜想，于1978年获得了数学界等同于"诺贝尔奖"的最高奖——菲尔兹奖。

然而，因为家庭环境的原因，拉马努金在最初的数学探索中，并没有得到任何的支持，甚至纸对他来说都是奢侈的。于是，他学会了在石板上进行数学计算。为了能够节省擦板子的时间，他干脆用手肘来擦拭，以至于他的肘部变得又黑又厚。

有一次，他将自己写的论文寄给英国剑桥大学的数学家哈代。哈代没有直接把拉马努金的论文扔进垃圾箱，而是认真地阅读了。结果，哈代被拉马努金的数学天赋和才华震惊了。经过几次和拉马努金的书信交流后，因为惜才，也为了能让拉马努金有更好的科研环境，哈代邀请拉马努金来英国从事研究工作。虽然环境好多了，但拉马努金并未因此有所松懈，仍然是一如既往、废寝忘食地工作。然而，这一次出国，拉马努金是从炎热的印度来到了冬天异常寒冷的英国，加之他是个素食主义者，结果他很不适应在英国的生活，没多长时间，还很不幸地患上了严重的肺结核，以至于41岁就离世了[1]。他生前留下了大量通过其数学直觉获得的、未经证明的公式和命题，至今仍有科学家在试图解开其中的奥秘。

在对数学的痴迷和对环境不挑剔这两点上，我国数学家陈景润与拉马努金有一比。记得中国科学院院士陆汝钤老师曾跟我聊起过陈景润的一些轶事。当年从厦门大学调到中国科学院数学与系统科学研究院后，陈景润在科学院分房时，没怎么去挑，就要了一间由厕所改造的房子。每天除了睡觉、吃饭，陈景润就喜欢坐在一把椅子上长时间地思考数学问题。就是靠着这份执着，他在1966年发表了《表达偶数为一个素数及一个不超过两个素数的乘积之和》（简称"1+2"），在1973年他又做了进一步改进，在《中国科学》上发表了"1+2"的详细证明。该成果在国际数学界引起了轰动，被公认为是对哥德巴赫猜想的重大贡献。作家徐迟后来还专门就陈景润的这一事迹，写了篇著名的报告文学《哥德巴赫猜想》，于1978年1月在《人民文学》第1期上发表。也因为这篇报道，陈景润和他的成果变得家喻户晓。

这种不挑剔环境的科学轶事不胜枚举，也能在一定程度上说明，环境优越并非获得科研成果或强创新力的先决条件。

▽ 步态识别的"耐得烦"

科学研究的失败率远高于成功率。如果失败了几次就放弃，说不定会把宝藏丢掉。成功特别需要耐心。记得2019年我们在人工智能顶级会议AAAI（AAAI Conference on Artificial Intelligence，美国人工智能协会的人工智能会议）上的口头报告，是关于步态识别的。

步态识别是身份认证的手段之一。与人脸、虹膜、指纹等生物认证特征相比，步态是唯一可以远距离识别的生物认证特征。但是，其性能容易受外在因素，如穿着、发型、背包甚至地形的影响。因此，尽管前景较好，但仍有大量问题需要解决。

我的两位学生巢汉青和何逸炜对步态中常用的单张图像形成的步态模板方法，以及描述步态视频序列需要的时序性保持进行了反思，最终提出了新的方法。该方法将时序性抛弃，并将不同角度、衣着及是否背包等形态时的步态都看成一个集合，称为步态集合。他们希望通过这种集合的方式，让步态识别能在不同监控摄像机的视角采集情况下（即跨角度意义下）实现有效的性能提升。然而，最开始的时候并非一帆风顺，虽然直觉上这种思路是可行的，但计算机科学是门实验科学，实际的数据都是有噪的。结果，两个人花了近3个月的时间来调试模型，却没有让步态集合方法获得实质性的性能提升。如果按常规的试错逻辑，大家可能就会放弃了。而他们却始终坚信自己的思路没有问题，还有改进的空间。通过不断的尝试和对技术方案的细微调整，最终，这一方法取得了突破性的进展，实现了当时在国际上跨角度步态识别的领先性能。这就是"耐得烦"的典型表现。

图 4-2　步态识别[2]

▽ "灵泛"的"霸得蛮"

厦门大学教授易中天也是湖南人，他对这一点有过精辟的总结[3]。湖南人的霸蛮，首先是指个性鲜明。"霸得蛮"的湖南人代表有清末的曾国藩、左宗棠和近代的黄兴、蔡锷等，有兴趣的读者不妨读读《曾国藩家书》，也许能从书信中一窥曾国藩的学识造诣和坚韧的处世之道。这种个性在湖南不一定能显现出来，但在外地就很突出。霸得蛮的第二层意思是指湖南人一旦霸蛮起来，就喜欢把话说到底，把事做到位，不会中途退缩。这恰恰是科学研究特别需要的品质。有些学生可能碰到一点儿小困难，就会退缩，以至于研究生期间频繁换方向，导致真正用于钻研一个科学问题的时间严重缩水。在这种"浅尝辄止"的情况下，能不能形成好的研究成果就可想而知了。

当然，霸蛮也并非一味蛮干，湖南人还有一句口头禅，"莫霸蛮撒"，即指需要考虑"灵泛"（湖南方言，等同灵巧的意思）的霸蛮。如果联系到科学研究上，它的意思是我们需要有理有据地霸蛮，不能明知是死胡同，还钻进去。这意味着我们需要提高对研究方向的嗅觉和判断力。

▽ 跳出舒适圈的挑战极限

不要从"不怕死"的字面上直接理解，而应该将这一品质解释为敢于挑战自身的极限。比如电影《攀登者》中讲述的 1960 年与 1975 年中国登山队两次登顶珠穆朗玛峰（注：图 4-3 为模拟图）的事迹，那是登山队队员向自身体能极限发出的挑战，更是为了向世人证明中国人也能登上世界最高峰。又比如唱歌中的男高音，为什么 High C

一唱出来,大家都很佩服呢?这是因为多数男性的高音换声区是在 G2 这个音附近。它比 High C(C3)低两个半的全音。只有经过科学发声训练,才能发出明亮、集中且持续的 High C。所以,这是对男性发音极限的挑战。反之,如果缺乏挑战极限的精神,在科研上就不容易形成好的成果。比如科研做久了,已经形成了舒适圈,有些人就不愿意开拓新方向了,类似的缺乏挑战极限的精神也会出现在害怕失败、担心做不出成果影响自己发展的年轻学生身上。

▽ 寻找勇气的多巴胺

如果缺乏爱冒险、敢挑战、愿意主动跳出舒适圈等方面的特质怎么办呢?可以考虑通过科学锻炼来增加身体里与勇气相关的化学物质。跑步可以增加多巴胺的分泌,它能在给你身体和心理愉悦感的同时,也会带给你勇气。唱歌也能,男高音歌唱家戴玉强说过,唱 High C 也能增加多巴胺的分泌。当然,对多数人来说,通过跑步和其他运动来增加多巴胺更实际些。

图 4-3 勇攀高峰

有了想象力,有了勇气,基本的科研品质就有了。那如何在读研期间做进一步的能力提升呢?

参考文献:

[1] KANIGEL R. 知者无涯:拉马努金传 [M]. 胡乐士,齐民友,译. 上海:上海科技教育出版社,2008.

[2] CHAO H, HE Y, ZHANG J, et al. GaitSet: Regarding gait as a set for cross-view gait recognition[C]. AAAI Conference on artificial intelligence, Hawaii, USA, Jan.28- Feb.2, 2019.

[3] 易中天,湖南籍知名学者易中天谈湖南文化,让每一位湖南人大开眼界 [EB/OL]. [2015-04].

05 戏说寻师

> 松下问童子，言师采药去。只在此山中，云深不知处。
>
> ——贾岛

郭靖是幸运的，导师是千里迢迢自己找过来的，而且还不止一个，一次来了七人，号称江南七怪[1]。因为晚熟，郭靖学得很辛苦。导师们也很后悔，怎么这徒儿教半天也不开窍呢？全真七子的老四丘处机隔三岔五就在"十八年比武之约"微信群秀他徒儿杨康的练功视频，看得郭靖自惭形秽。幸好，导师们是赌上了自己的名气来的，教不会在江湖上会丢面子，混不下去。所以徒儿再笨，也是自找的苦果，只能自己咽下去。于是江南七怪分工合作，想着法儿提升郭靖的武功。导师团阵容里既有当白脸的严师柯镇恶，也有当红脸经常来做心理安慰的朱聪。

与江南七怪不同，约好 18 年后比武的丘处机道长运气就好多了。徒弟杨康虽然也是丘道长自己找的，也是自己自愿做导师的，但丘处机师出全真教这样的名门，受过严格的专业训练，指导徒弟学习的方式也相对科学。而杨康也从小就表现出了聪慧的天赋，再加上杨康在金国王爷完颜洪烈家长大，是个"富二代"，见多识广，常常是一点即通。另外，杨康的家境殷实，无论是购买练功装备，还是出差旅游什么的，都不太需要计较价格，所以指导他真有一人顶七个的效果。不过，丘处机因为成名太早，文山会海的外事活动繁忙，很难像江南七怪那样一天到晚盯着郭靖，只能采用定期来访指导杨康的方式，在指导学生练功的投入时间上还是身不由己地打了折扣。

一晃 18 年比武期将至，因江南七怪导师团要先找梅超风做个了断，郭靖只能单独赴约。一入江湖，才发现它比自己想象的要大得多，也复杂得多。不过，他的运气不差，在行走江湖期间，传说中的五大顶尖高手"东邪西毒南帝北丐中神通"，他都机缘巧合地接触了个遍。

桃花岛上的东邪黄药师武功修为极好，还很会吹笛，日常潜心学术和桃花岛的园林艺术，但几乎不在江湖上行走。只是功夫实在太高，对年轻小辈几乎看不上眼。虽然大部分时间是温文尔雅的，但脾气上来绝对是火爆型的，谁也拦不住。毕竟心理学也说过，多数平时特别温顺低调的人发起火来会很可怕，也很不可控。如果学徒不慎说错话或出现愚蠢的低级错误，黄老邪有可能马上就不理人了，甚至还会做出极端行为。当年因梅超风和陈玄风两徒弟偷偷探索其不认可的研究方向——《九阴真经》，他一生气将全部徒弟都赶出了其研究小组。不过一日为师，终身为父，徒弟们还是倍感师恩，到哪儿都以自己是黄老邪的弟子，是江湖上知名大组的成员为荣。

黄老邪亦正亦邪的性格也波及了郭靖。因为女儿黄蓉的一再恳求，黄老邪本想给未来的女婿郭靖有个好开端，准备收其为徒，为他未来的发展做出好的铺垫。但当郭靖一字不落地把《九阴真经》上册背出来的时候，黄老邪便马上以研究方向差异太大为由，迅速地拒绝了随后的拜师。

除了曾对他"侄儿"欧阳克倾囊以授外，西毒欧阳锋则本是根本不收徒的。但他自己极其好学，尤其喜好钻研难啃的"硬骨头"。他不怎么愿意放下架子问别人问题或请教硬骨头中蕴含的技术细节，偏好自己独立思考。后来错练《九阴真经》，一不小心把任通二脉练翻转了，以至于只能颠倒过来走路方能压制和适应身体的不适。欧阳锋唯一收过的徒弟是丘处机带过的初高本硕连读生杨康。这还是因为欧阳克调戏杨康的"未婚妻"穆念慈，杨康一怒之下杀了欧阳克，才阴差阳错成了欧阳锋的徒弟。虽然天资聪明，最初还有名门正派的丘处机帮着打基础，但小算盘打得太多，又总想着利用歪门邪道快速成长，结果是机关算尽，到头来竹篮打水一场空。后来，杨康想使用邪门武功"九阴白骨爪"害黄蓉时，反中了软猬甲上残留的剧毒，毒发身亡，早早地被江湖遗忘了。

郭靖则因为背过《九阴真经》被欧阳锋抓了去，也被迫跟着欧阳锋学了功夫。虽然欧阳锋并没有明教他武功，但相处期间，因两人在《九阴真经》问题的争执导致的拳脚相向也让郭靖学到很多。毕竟绝顶高手的思路、招式都是平常江湖人士极少可以接触到的，这都跟着练了好几个月，还不用交培养费，算是在实战上大赚了一笔。

南帝段王爷住的位置相对偏远，因为贵为一国之君，事务繁忙，根本就没时间在江湖上行走，独门绝学的研究方向也没有外传。不过郭靖还是从他那偷学了点儿。当时，郭靖和黄蓉去盗武穆遗书时，黄蓉错把真铁掌帮掌门裘千仞看成假的双胞胎哥哥裘千丈，因为轻敌不慎被铁掌帮掌门打伤。去找段王爷疗伤之时，郭靖在旁看着段王爷用一阳指疗伤的手法，便偷学了几招，甚至还在跟欧阳锋打斗的时候使用过。这是一种非常高明的学习方法，即不用问高手或让高手详解相关的经验，而是自己用大脑思考和眼睛观察来学会。从郭靖这些本事来看，江南七怪很可能是看走眼了，不是郭靖不聪明，而是导师们没为郭靖找到有效的指导方案。

虽然也是机缘巧合偶遇到的，北丐洪七公算是郭靖正儿八经的博士生导师。他身为一帮帮主，理应日理万机，好在丐帮的学生们都是散养型的，平时都是各自乞讨，安心做自己的小研究方向，只有开大会，讨论丐帮重点研究发展方向才聚在一起。所以，洪七公的压力小，心态也特别好。空闲的时间也相对前面3位多一些，也有时间四处去品尝美食。对郭靖的培养就是假装同意黄蓉以美食换指导来做的，但洪七公确确实实认真地一招一式地教了郭靖的功夫，对关键技术都会事必躬亲、亲自示范。所以，郭靖的的确确得到了洪七公的真传，学成了丐帮的绝世武功降龙十八掌。

除了这几位外，还有一位对郭靖帮助特别大的，那就是周伯通。他是全真七子的师父，中神通王重阳的师弟，辈分不低，却一点儿架子也没有，也不怎么混江湖。而且他童心未泯，人称"老顽童"。这一点也很好地保护了他的好奇心，也让其不太容易被外界环境影响。即使被关在黄药师桃花岛的监牢里，他也能自得其乐，甚至自创了一套武功绝学：左右互搏术。他对《九阴真经》中的武学也研究颇深。但因自己曾立下誓言不学，于是只能放在心里。碰巧郭靖来了桃花岛，周伯通见其是可造之才，技痒难耐之际，便忍不住把《九阴真经》的内容都教给了蒙在鼓里的郭靖。

这些"导师"的特点可谓是大相径庭，让一般人来选，绝对是件棘手的事，郭靖却异常幸运地都碰上了。有了这番"寻师"经历，再通过行走江湖的实战性训练，最终郭靖成了华山论剑后的顶级高手。这多少说明了，江湖是靠实力才能站住脚的，找到实力够强的导师尤其重要。而想在江湖上混，只有点儿三脚猫的功夫可不行。

但也还是有人敢这样玩。比如铁掌水上漂裘千仞的双胞胎哥哥裘千丈，他冒充自己的双胞胎弟弟，顶着他弟弟的盛名，其实自己功夫并不太强。真到要自己使出真本事的时候，就露馅了，甚至最后不得不找他弟弟来帮忙解决争端。江湖杂事多，不见得有多少时间和机会能让他现出原形，这也是他有胆量行走江湖的原因。当然，这多少也和他弟弟疏于管教有些关系。否则，裘千丈本可能成为一流高手。

所以，导师还需慎选。可究竟如何选呢？下篇解说！

参考文献：

[1] 金庸.《射雕英雄传》[M]. 广州：广州出版社，2020.

06 寻师的五个维度

联系导师是开始研究生生涯的重要一步，它对未来三年左右的硕士或五年左右的博士研究生生涯的发展有重要作用，因为它对你研究方向的选择、个人定位及研究风格等都很关键。那么，如何选择你期望的导师呢？

以我的经验，可以优先从五个维度来考虑：（1）论文；（2）项目；（3）学术活跃度；（4）指导学生情况；（5）个性拟合度。

▽ 了解导师

要了解这些情况，最简单的办法就是找到拟求学的学院的相关主页，从主页上了解各位导师的情况。然而，学院主页实际可了解的信息并不会太多，国内国外情况都类似。更好的办法是根据导师的名字再搜索其个人或研究小组的主页。比如我研究小组的主页，虽然成果不那么多，但还能凑合作为参考。

图6-1 示例：我的研究小组主页

我们小组的主页，一般会涵盖了研究小组的近期活动、成员和学生未来去向、项目支持情况、论文列表、学术活动、联系方式等。当然，我也有点儿虚荣心，还特意做了面奖状墙，用来贴为数不多的学生们和我自己获得的奖状，就像家长喜欢在自己家墙上贴小朋友的奖状一样。我以前甚至还在主页里放过一个我个人爱好的彩蛋。

不过，并非所有导师都有建立个人主页和更新维护主页的习惯。大家还可以通过谷歌学术、DBLP、百度等搜索导师的科研情况，尤其是发表论文的情况。然后，通过论文档次、数量、署名情况来综合判断导师的科研水平。

▽ 论文寻师法

第一个维度，是论文，关于论文这块，我国科技部曾在 2020 年 2 月 23 日印发过《关于破除科技评价中"唯论文"不良导向的若干措施（试行）》[1]。其原因在于，如果把论文优先级放在太靠前的位置，会不利于我国科研事业长期且良性的发展和科技创新的强国战略。然而，我个人认为写论文作为研究生的基本功之一，是研究生必须经历的一个阶段。所以，从论文发表情况去了解潜在的导师，是一个简单直接的办法。

论文的档次最能反映导师在科研上的水平。发表的论文档次越高越能反映导师在其研究领域的先进性。而近三年的发表情况则能反映导师是否与时俱进，是否还在科研第一线。比如人工智能领域，可以看看对方有没有模式识别著名期刊 *IEEE TPAMI* 上的或机器学习顶级会议 ICML、NeurIPS 上发表的论文。在计算机视觉领域，可以看看目标导师有没有在著名期刊 IJCV（*International Journal of Computer Vision*，计算机视觉国际期刊）或顶级会议 CVPR、ICCV（International Conference on Computer Vision，国际计算机视觉大会）或 ECCV（European Conference on Computer Vision，欧洲计算机视觉国际会议）上发表的论文。在物理上，那就是 PRL（*Physical Review Letters*，物理评论快报）。当然，在国际上更权威的还有 CNS（*Cell*、*Nature* 和 *Science*，即"细胞""自然"和"科学"三大期刊）和其子刊。在这些期刊和会议上，即使存在专家看走了眼的论文，其相对质量也还是有保证的。

▽ 所谓的"学科鄙视链"

需要注意的是，在一个方向上的顶尖水平并不意味着在整个大的学科方向上理论和算法成果也是顶尖的。比如人工智能学科就有一个以数学基础好与坏来评价的、搞笑的所谓鄙视链，即：学纯数学的看不起学应用数学的，学应用数学看不起学统计的，学统计的看不起学机器学习的，学机器学习的看不起学多媒体的，学多媒体的看不起学数据库的。完全没必要认同这个鄙视链，它最多只能反映学者在研究方向某个维度上的偏好。更何况，数学好也未必能在人工智能方向上提出有更大创新性的成果，擅长数据库也未必不能在人工智能领域进行创新，毕竟各有长短。所以，学生不需要在意自己在"鄙视链"的哪个位置，而应该以自己的研究兴趣、能力为主导来选择导师。

▽ 论文作者排序

根据论文评估导师的另一线索是署名次序。通常情况下，论文的署名次序反映了作者对文章的贡献率。比较有意思的是，论文的署名次序往往与导师的社会影响力或知名度成反比。导师的名字越靠前的，越有可能表明其仍然处在事业上升期。当然也有例外，因为有些研究方向，作者的署名是按姓氏字母次序排的。在这种情况下，如果作者是安徒生（姓氏首字母为 A）的后人的话，那作者每次看着自己参与发表的论文一定会比较爽，因为总能排第一。还有一种例外是学校政策导向引起的，比如约定论文的第一作者必须是导师。除此以外，当论文作者较多时，我们就需要找出谁是真正起作用的。比如 Nature、Science 上有些关于基因测序的文章，动不动就上百名作者。在此情况下，不妨看看论文的通信作者（Corresponding Author）是谁，因为通信作者就是论文的实际主导者，且反映出了论文成果的实际承担单位。另外，现在论文经常是多家单位合作的成果，所以，共同第一作者、共同通信作者的情况也逐渐增多。他们对论文的贡献，是可以平等看待的。

▽ 论文数量明辨

论文的数量也是一个比较有意思的指标，数量多或少都有其各自的特色。论文数量多了，甚至顶级论文数量多了，也需要看看，到底是 A、B、C 不同内容的成果组成，还是 A.1、A.2、A.3 的组合。需要注意的是，大多数情况下，导师的论文是这两种情况的加权组合，既有一个方向的逐点突破，也有探索式的齐头并进。另外，数量过多也不是一件好事，如果一年发太多，容易被说成是"论文机器"（Paper Machine）。有句讲猫生崽的俗语说得好，"一龙二虎三猫四老鼠"。将这句俗语与论文的数量联系在一起，还是耐人寻味的。不过现在，我国已经在逐渐推行代表作评估模式，不管是职称晋升还是申请项目，在一定程度上也表明论文的质量比数量更为重要。

▽ 论文的 ESI、H 指数和引用次数

那么，如何评估论文质量呢？对该研究内容完全陌生的学生而言，可以看看引用率来了解和评估导师成果的影响力。比如 ESI（Essential Science Indicators，基本科学指标数据库）高被引论文情况。通过 ESI，可以确定 22 个学科领域最有影响力的国家、机构、

论文等指标。而高被引 ESI 论文则是指在某学科内，在 ESI 收录时间期间，论文的被引频次位于该学科所有论文的前 1%。所以，能进 ESI 高被引的论文都是很不错的。

不过它有 3 个小小的漏洞。一是被引并不区分自引和他引。二是当年发表的论文，如果次数并不多但考虑到发表时间尚短，也能快速变成高被引。只是这样的高被引如果后继乏力，就很有可能只是昙花一现了。三是不考察论文发表期刊的档次，只要在 ESI 名目里都算。

图 6-2　ESI 高被引论文示例（截图自 Web of Science）

另一个评估的标准是谷歌学术上提供的引用率及 H 指数（h-index）。H 指数也能反映导师长期在学术生涯的影响力。举例来说，如果一篇论文被引用一次，H 指数等于 1。如果 6 篇文章各被引用至少 6 次，则 H 指数等于 6。如果 H=100，则绝对是个顶尖水平的导师了，因为这意味着他至少发表了 100 篇均被引用过至少 100 次的文章。比如加利福尼亚州大学伯克利分校的、开创了模糊数学的拉特飞·扎德教授，其 1965 年发表的开创性论文 *Fuzzy Set* 单篇引用 11.7 万次，H 指数为 116。这样的高水平导师，估计想当他学生的是挤破头了。如果我的博士生毕业的时候，能够达到 H=6，我认为就足够引以为傲了。

图 6-3　谷歌学术指标示例

另一个指标是引用数，在短时间内形成比较高引用的论文往往是值得关注的成果。比如我的学生徐峰 2017 年底发表的微表情论文[2]，在谷歌学术至今已有 140 次的引用（见图 6–3 最下面一个引用）。但也需要注意分辨下，比如论文的引用到底是来自何方，自引居多，朋友引居多，还是学术圈的广泛引用居多。再以徐峰这篇为例，有一个引用是来自 *Communication of the ACM*（美国计算机协会通讯）[3]。该期刊相当于计算机领域的 *Science*，而该文仅引用了三篇文章，在一定程度上也能说明引用本身或论文本身的含金量。

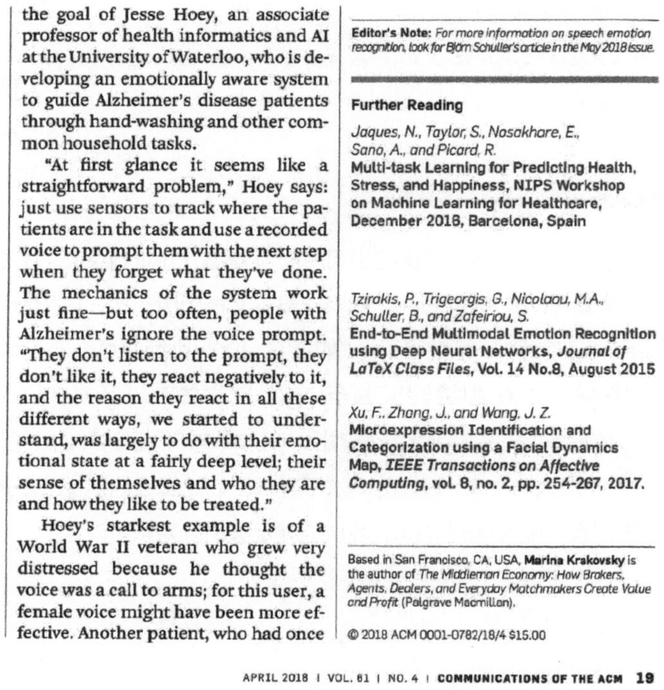

the goal of Jesse Hoey, an associate professor of health informatics and AI at the University of Waterloo, who is developing an emotionally aware system to guide Alzheimer's disease patients through hand-washing and other common household tasks.

"At first glance it seems like a straightforward problem," Hoey says: just use sensors to track where the patients are in the task and use a recorded voice to prompt them with the next step when they forget what they've done. The mechanics of the system work just fine—but too often, people with Alzheimer's ignore the voice prompt. "They don't listen to the prompt, they don't like it, they react negatively to it, and the reason they react in all these different ways, we started to understand, was largely to do with their emotional state at a fairly deep level; their sense of themselves and who they are and how they like to be treated."

Hoey's starkest example is of a World War II veteran who grew very distressed because he thought the voice was a call to arms; for this user, a female voice might have been more effective. Another patient, who had once

Editor's Note: *For more information on speech emotion recognition, look for Björn Schuller's article in the May 2018 issue.*

Further Reading

Jaques, N., Taylor, S., Nosakhare, E., Sano, A., and Picard, R.
Multi-task Learning for Predicting Health, Stress, and Happiness, NIPS Workshop on Machine Learning for Healthcare, December 2016, Barcelona, Spain

Tzirakis, P., Trigeorgis, G., Nicolaou, M.A., Schuller, B., and Zafeiriou, S.
End-to-End Multimodal Emotion Recognition using Deep Neural Networks, *Journal of LaTeX Class Files*, Vol. 14 No.8, August 2015

Xu, F., Zhang, J., and Wang, J. Z.
Microexpression Identification and Categorization using a Facial Dynamics Map, *IEEE Transactions on Affective Computing*, vol. 8, no. 2, pp. 254-267, 2017.

Based in San Francisco, CA, USA, **Marina Krakovsky** is the author of *The Middleman Economy: How Brokers, Agents, Dealers, and Everyday Matchmakers Create Value and Profit* (Palgrave Macmillan).

© 2018 ACM 0001-0782/18/4 $15.00

APRIL 2018 | VOL. 61 | NO. 4 | COMMUNICATIONS OF THE ACM 19

图 6–4　论文引用示例[3]

这是第一个可以帮助学生选择导师的指标，论文的评价。但需要注意的一点是，有些提出重大发现的论文，可能会因为过于超前而导致引用异常偏低。在这种情况下，学生需要综合考虑更多的因素，尤其是学生个人的科研兴趣，以此来联系导师。

▽ 项目寻师法

第二个维度，则是项目。因为学生来读书，总是需要有一定的助研费或劳务费的支持，毕竟多数全日制学生在读研期间是没有其他经济来源的。由于研究生数量激增，有些学校连学生在校内住宿的需求也无法满足，以至于专业硕士还需要在学校外面租房。他们对助研费的需求更强。除了国家的正常补贴外，就需要导师给学生发放一定的助研费或劳务费，这意味着学生最好对导师的项目支持情况有所了解。一般来说，项目可以粗分为纵向和横向。纵向是来自国家、省、市，如国家自然科学基金以及科技部和教育部的项目。横向则是来自企业，以实际应用为导向。在早些年，纵向项目通常不足以提供充分的经费来支持学生做科研。但近年来，纵向项目劳务费支持这部分已经开始不设上限。因此，如果导师能够获得大或重大的纵向项目支持，学生也可以获得相对丰富的助研费或劳务费，也能安心做基础和应用基础型的研究。但能拿到大数额纵向经费支持的导师毕竟是少数，如国家自然科学基金2021年的支持与申请比约是4.6∶27.5，好的学校的平均通过率在30%左右，成功申请的难度可想而知。在此情况下，要保证学生有足够的助研费支持，导师们申请一定数量的横向经费来平衡也是合情合理的。不管怎么说，这两种经费的比例，大致上能看出导师的主导究竟是以研究为主，还是以实际应用为主。

当然，也有些导师学术水平很高，但不太爱花时间去争取项目。另外，也有些学生家境不错，并不太在乎助研费的多少。所以，学生需要根据自己的实际情况和未来规划（如想追求学术生涯或希望就业）来选择心仪的导师。

▽ 学术活跃度寻师法

第三个维度，是学术活跃度。虽然说酒香不怕巷子深，但在这个时代的大多数情况下已经不能这样认为了。一方面，学者是需要不断学习的，参与各种学术活动是了解其领域和相关领域前沿进展的有效途径。另一方面，参与学术活动也便于宣传自己的工作，让同行了解你的研究成果，从而更好地产生影响力和获得更高的引用。不仅如此，在各类学术活动中担任一定的职务，也反映了同行对这个人学术水平的认可度，尤其是在名气大、牌子响的期刊上担任编委，或在国际顶级会议上担任Area Chair（区域主席）和Senior Program Committee Member（高级程序委员会委员）。这些比发表论文的难度更大，因为它反映了导师的综合能力。还有一个额外的好处是，如果论文评审不是双盲机制，有一定知名度和学术活跃度高的学者在论文发表时，评审更倾向于相信其研究成果是可信可靠的，而倾向于接收论文而非拒稿。

▽ 梯队结构寻师法

第四个维度，是指导学生的情况。这里也需要区分对待。资深的导师往往团队结构完整，采用金字塔管理模式，资深导师主要负责总体规划、争取项目，下面的年轻导师负责具体的研究方向和学生指导。而对于单枪匹马的"青椒"来说，尤其是刚入职的年轻老师，则在对具体研究方向的前沿、进展、优势和不足都比资深教授更清楚。而且，因为事业上升期带来的压力或"内卷"，年轻导师也更愿意投入时间、事无巨细地指导学生。不足可能是年轻导师在项目支持上稍微会欠缺一些。另外，宏观层面上年轻导师可能不如资深导师见多识广，有可能把握不了大的方向进展。所以，希望从多、快、省的角度在论文上找成就感的学生，不妨多考虑选择年轻老师做导师，而愿意挑战需要更长时间才能见效的研究方向的学生，则可以考虑选择资深导师。

▽ 个性匹配寻师法

另外，学生选择导师时，还得兼顾导师的个性和学生个性之间的匹配度。因为如果缺乏融洽的配合和信任，学生很有可能不仅学术上出不了成果，在生活上也可能过得很别扭。但导师的类型、性格千差万别，所以在联系导师前不妨多通过在校的师兄师姐或某些问答网站提前进行了解。有些导师指导学生偏好"散养"，这种情况对资深教授来说比较多见，因为他们在论文发表数量上已经没有太多需求，更希望团队的学生做些大的、困难的、前瞻性更远的创新。如果学生已经习惯了有老师督促的学习方式，就有可能在这种情况下迷失自我，甚至不知道如何着手去做研究。而反之，如果学生是自律型或自驱型的，那么，有可能就会比较喜欢这样相对宽松的科研环境，因为这种环境能够给学生提供足够的时间去专注思考。而年轻导师在指导方面往往会做得更细致，但同时也意味着给到学生的压力或督促学生的力度要强不少。如果学生的抗压能力不强，实验又不顺利的话，有可能导致学生心理失衡。

还有一个与学术无关的问题也值得考虑，即导师的脾气。每个人的脾气是不同的，所以，必然有刚有柔。有些导师，特别善于鼓励学生。就像老外在学术报告回答问题时开口说的第一句一样，"Good Question"（好问题），往往会让学生备受鼓舞。而也有些导师，更偏好严师出高徒的做法，没达到他心目中的水准之前，可能会一直给学生泼善意但显严厉的冷水。另外，尽管多数导师经历过各种学术挫折，对学生的各种任性已经能泰然处之，但仍然有情绪失控的情况。比如学生在读期间过度游离于学术之外，以及导师自己在各种科研项目、论文、家庭中积累的压力过大时，如果恰好学生也是火暴性子，那撞到一起有可能就真是火星撞地球了。导师和学生相处得不好，整个研究小组被解散也不是没有可能的。所以，事先了解导师的脾气与自己的个性、抗压能力的拟合度也未尝不可。

以上内容就是我认为的寻师时 5 个最重要的指标。学生在选择导师时，需要综合考虑这 5 个维度，平衡选择。

不过只讲寻师，不讲寻学生似乎不太公平。从寻学生的角度，来了解如何成为一名优秀或合适的研究生，也是很有意义的。那么，如何寻找呢？下篇分解！

参考文献：

[1] 科技部. 关于破除科技评价中"唯论文"不良导向的若干措施（试行）[EB/OL]. [2020-02-23].

[2] XU F, ZHANG J, WANG J Z. Microexpression identification and categorization using a facial dynamics map[J]. IEEE Transactions on affective computing, 2017, 8(2):254-267.

[3] KRAKOVSKY M. Artificial (Emotional) intelligence[J]. Communication of the ACM, 2018, 61(4):18-19.

07 高徒出名师

> 世有伯乐，然后有千里马。千里马常有，而伯乐不常有。
>
> ——韩愈《杂说四·马说》

▽ 寻找千里马

导师有的时候就像伯乐，寻找学生就像是在耐心地寻找能在导师的研究兴趣或方向上施展才华的那匹千里马。

怎么找呢？我这里分享一些我的经验和体会。

第一个值得优先寻找的地方，自然是本校的本科生，毕竟远亲不如近邻！

除了地理上的便利外，还有能长时间培养的原因。理论上，从时间跨度来看，从大一就着手寻找学生对导师来说是性价比较高的。尤其对于年轻导师来说，这是能找到本校本专业特别优秀学生的绝佳时间节点。因为，多数资深教授鲜有机会，也没有时间去接触大一的新生。

▽ 本科选才

如何接触本科生呢？当本科生班导师是个办法，但班导师的工作原本不是用来找千里马，而是要为本科生提供一些基本的答疑解惑的，所以以这种方式来找只能是顺便、随缘的，不能为了找千里马而忽视了当班导师的责任。另外，导师也可以考虑通过承担竞赛的组织工作来接触和选拔学生。比如，计算机学科有个于1970年发起的国际大学生程序设计竞赛（International Collegiate Programming Contest, ICPC）。各个学校常会组织编程能力强、比赛经验丰富的学生参加这个ICPC竞赛。如果导师能承担这方面的组织工作，显然有更多机会接触学生，也能通过长时间的培训充分了解和选拔有潜质的优秀学生。显然，计算机学科及其他学科还有许多类似的竞赛。

另一种更自然的方式是承担本科生课程，如基础课程。这里讲讲我的经历。我曾经有讲授大学物理课的经历。因为学院搬迁校区，导致原来物理系的老师们不愿意跨校区来上课，学校只好在内部挖潜。作为当时的"青椒"，我也只能硬着头皮接下了学校交代的任务，虽然大学毕业后我有近16年没碰过物理了。为了防止露馅，避免在课堂上出现学生问的问题我回答不了的窘境，在备课期间，我甚至连《广义相对论》都自学了，希望能做到"台上一分钟，台下十年功"。

而为了上好大学物理，我把自己也震撼了。我在课堂上甚至讲过一次黑洞白洞的物理学原理，我估计台下的学生和台上的我一样，其实都是一头雾水。不过这段经历也给我带来意外的收获，重新夯实了甚至拓展了我的物理基础，还有就是遇到了一个好学生。

图 7-1 黑洞

教大一物理课的期间，坐前排的一个男同学吸引了我的注意力。他特别爱在课堂上问问题，问题角度也很新颖。幸好我是按大于120%来准备上课内容的，勉强能够应付他的问题。除了回答问题，我也对他提问的方式印象深刻，觉得他有可能适合做科研。教了一段时间课后，我便试探性地问他，有没有兴趣参加我研究小组的讨论班。

他还真来了，不过最开始我们也只是一如平常地听报告，偶尔他也提提问题、做个报告。到学期快结束时，他过来找我，希望能切入实际课题。当时我正想着如何把机器学习和北京大学的袁晓茹老师做的可视化方向有机结合起来，又恰好袁老师在组织一期可视化的暑期培训班，我便让他去学习了。开学回来时，他在讨论班给大家回顾了培训班的内容，他提到的有个点我觉得很有意思，就是如何将三维的数据通过二维的方式渲染出来。其原因是，我们小组研究的一个方向——步态识别，在当时要么依靠视频即三维数据来完成，要么通过平均视频数据到一帧以获得二维步态模板图像来实现。前者耗时长精度高，后者可实时但精度低一些。那么，可视化领域的这项渲染技术能否挪过来，在二维模板上保持三维的时间信息呢？

我只是把这个初步且不成熟的想法分享给他，而他很快就把这个想法细节化，并成功实现了。需要注意的是，不要小看这个实现，说起来简单，这里面经历了多少的尝试、失败只有他自己知道。经过 CVPR 的拒稿，然后再根据意见修改，初步的成果发表在 ECCV2010 上，而完整的成果则发表在 2012 年的 *IEEE Transactions on Pattern Recognition and Machine Intelligence*（简称 *IEEE TPAMI*）上[1]，这是一本曾经被计算机学科认为，在上面发表一篇就可以自豪一辈子的期刊。3 个评审对提出的时间信息保持模板给予了高度评价，指出这一思路以前没见过，属于原创性很高的成果。这项工作后来被大阪大学八木康史教授领导的步态识别小组，在他们发布的新步态数据集进行了第三方测试。在其发表的论文中，我们的方法被认为是当时的前 6 个最高水平的步态识别算法之一，在 6 个算法中排名第三。而我的学生在 *IEEE TPAMI* 发表其成果时，那年他才大三刚结束。但他的名字——王晨，已经出现在模式识别领域的顶级刊物上了。这类期刊投稿、审稿到接收的时间一般在 1～2 年，本科生能在此期刊上发表论文，即使在现在人工智能快速发展的时代，也仍然是罕见的。当然，这还得感谢复旦大学为本科生设立的科研计划，即"复旦大学本科生学术研究资助计划"（Fudan's Undergraduate Research Opportunities Program，简称 FDUROP）。王晨同学就是在此计划里的"箸政学者"项目支持下，完成的本成果。

这是第一种寻找学生的办法，即从本学校本专业的本科生中寻找。不管学生以后是否跟你读研，通过本科期间进入实验室、参与讨论班和课题的方式，学生都能尽早获得科学的、系统的从事科学研究的能力锻炼。从学生的长期发展角度来看，这也是值得的。

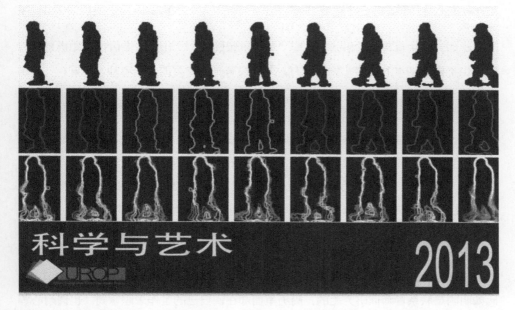

图 7-2　王晨同学 *IEEE TPAMI* 论文中的图片,被选作"复旦大学本科生学术研究资助计划"(Fudan's Undergraduate Research Opportunities Program,简称 FDUROP) 2013 年的台历封面

当然,这种方式的不足在于,与研究生相比,本科生的课业压力较大,有可能导师花了很多时间和很大的精力来指导,也不一定能达到期望的目标。另外,有些学校原本的国内排名偏低,学生即使进了本校老师的实验室,一起做研究和发表论文,但仍然大概率会去排名更好的学校继续求学。此时,导师就需要摆正心态,尊重学生的选择。还有一种例外,就是学生只是想出国前混点儿实验室经历,简历上写起来好看点儿,并没有真正想做研究。这种情况在大四才想着来实验室的学生中容易出现,导师们也需要学会分辨。

▽ 研究生选才三节点:夏令营

第二种方式则是到研究生选拔时间再选择。这里有 3 个能找到优秀学生的时间节点。

第一次,是在每年暑假的夏令营:有些学校的院系,会邀请有潜力来本校读研及拟本校直研的学生参加夏令营,让这些学生了解相关专业和细分方向的实验室及老师情况,以便选拔优秀研究生。对导师来说,则可以利用实验室介绍和交流环节来吸引与自己研究方向、兴趣一致的学生。

对学生来说,在基于我上一篇讲的寻师技巧的前提下,不妨在夏令营开始前,提前写信联系导师,因为毕竟导师招生名额有限,只好遵守先到先得的原则。不过在通过邮件联系导师时，务必注意基本的规范。

比如，要注意写信的格式，不要"英雄不留姓名"，让人看完信也不知道是谁写的。也不要连基本的写信礼貌都没有，如既没有开头要写的"张老师，您好："，也没有结尾要写的"祝好！学生某某某"。如果只是很随意地写上一两句类似于"简历见附件"这样缺少信息量的话，这样的邮件看上去就像是发信人并没经过深思熟虑就发出了，让人观感不好。而且这类信导师往往没法回复，即使信的附件里有简历，导师也不会贸然打开，因为没来由的信，谁能保证这附件不是伪装成找导师的"病毒"邮件呢。除此以外，学生最好只给一位导师写信，千万不要傻乎乎地群发找导师的邮件。比如邮件列表上是一群老师的邮箱，或者写信的时候没有具体针对哪位导师写。结果，导师无法相信写信的学生是在认真找导师。没有哪位导师会愿意回复这样不认真的信，学生白白浪费写信和等回信的时间。也尽量不要用一看就没有诚意的统一模板来写信，那种像开会的邀请信的格式，填上任何一位老师的名字都不违和的模板千万别用。又比如明明是联系导师读研究生的，简历里面却在说自己的工作求职意向。也请耐心等导师的回复，不要过于着急地去催问导师或急着联系其他导师。最好等导师回信明确表示名额已满后，再转去联系其他导师。另外，也尽可能在一封信里言简意赅地把事情说清楚，比如自己的专业背景、年级排名、个人能力、相关的研究经历、兴趣爱好等。在信里附上一页纸的简历（加上本科成绩单）也是必需的。切忌长篇大论！一是导师可能没时间看，二是还有可能会起反作用，因为这种信会让人不容易抓住重点，而导师会觉得这位学生过分啰唆。

▽ 研究生选才三节点：9 月推免

第二次，是 9 月的推免，这一次将从全国的推免生中筛选符合本校本学科发展的学生，以及对第一次没拿到名额的学生做再次筛选。与第一次只是意向性的双向承诺相比，这一次将最终确定推免生是否被录取至本学院就读研究生。从统计意义上来讲，这两次的学生综合能力要相对好一些，因为他们都是学院或系根据报名学生的简历及在校期间的 GPA（俗称绩点）做了初筛的。简历和绩点能从多个侧面反映学生的能力，包括成绩的稳定性、在某些课程的学习能力，如人工智能专业喜爱看到的数学课高分，以及相应的科研经历，如是否做过某些课题，是否参加过 ACM 竞赛、数模竞赛，有无与企业相关的实习经验等。

在这两次选学生的环节，导师也需要谨慎。由于夏令营并非一家开设，有些学生可能同时申请了多家。尤其是那些简历一看就特别优秀的学生，很有可能最终会选择排名更靠前的学校来攻读研究生。学生可能也会在专业硕士和学术硕士之间、收费与不收费、有无住宿、学校推荐的研究方向等多因素上进行考虑。在这些情况下，导师和学生都不得不寻找一个平衡点，确保名额和机会都不被浪费掉。结果，导师没有选择最优秀的学生，学生最终放弃了被录取的资格都是很正常的。

▽ 研究生选才三节点：考研

第三次，是通过全国研究生统考来获得读研资格的机会。一般来说，笔试的内容包括数学、英语、政治和综合科目。研究生面试线一般根据分数分布和拟录取人数比例来划定。然而，需要指出的是，在现行考研体系下，综合科目的成绩往往不太能反映考生的科研能力。尤其在真正读研后，研究生的方向非常细化，往往与综合科目里的基础知识是否扎实没有绝对的关联性。而且，还有些优秀学生的心理素质不过硬，平时成绩稳定，科研能力也不错，但一逢大考就成绩不佳。所以，单凭分数来筛选的话，导师有可能挑到高分低科研能力的学生。

作为对比，国外在筛选研究生的笔试环节时，较少采用这样一种能通过反复强化记忆和刷题获得高分的方式来考核。以美国为例，研究生入学考试，一般是采用GRE（Graduate Record Examination，美国研究生入学考试）分数来评估。该分数体现了学生的英文阅读能力和词汇量、数学基础以及英文写作能力。这些能力都能更好地帮助评估考生的科研能力。

对于那些已经按分数筛选进入了面试环节的学生，该如何进一步去选择呢？理论上，面试导师一方面会从基础、综合能力、兴趣爱好、应变能力、心理素质等方面进行全面评估。对考生来说，最需要注意的，就是别把面试不当一回事，更不要为了给老师留下深刻印象故意表现一些出格的行为，例如故意说偏激的话或做出不当的事情，让面试导师以为考生的人生态度存在问题。另一方面，面试导师会考核学生在具体研究方向上的科研能力，因为每个人的天赋是不同的。以理工科来说，有些人动手能力强，有些人数学基础好，有些人编程能力强，等等。

但由于面试规则的限制，面试导师又是来自学院的不同方向，有可能无法准确判断学生的具体科研能力，也难以根据可能吻合的导师研究方向来有针对性地提问。另外，因为时间上的限制，比如每个考生的面试时间可能只有15分钟。因此，面试导师有小概率会由于第一印象形成的锚定效应，导致对学生产生错误的判断，以至于优先录取了面试成绩好但实际科研能力一般的学生。

要避免这些问题，一方面需要面试导师有丰富的经验和责任心，另一方面可能需要在录取后导师对学生进行进一步的筛选和评估。我个人的建议是，不妨请自己小组的研究生和导师一起进行一轮评估，因为他们对研究方向的认识比面试组的导师更具体，在技术细节上更容易判断学生是否有真才实学，在基础上也更清楚学生的功底。

通过这种追加的面试，才更有可能从学生和导师双向公平的角度来择优选择学生，且有机会发现一些分数不太高，但确实有研究天赋的学生，尤其是那些严重偏科的。毕竟到了研究生阶段，我们更应看重的是科研能力，而非死记硬背的本事。

▽ 科研与考研的不对等

我的一个研究生就比较有这方面的代表性。他叫田宇坤，进来读研时连大学英语六级都没过。不过我一开始并没注意到这个问题。来我这里后，他主要从事人群计数的研究。在提出一个新的算法并做完实验后，他将论文草稿发给我。当我在计算机上打开论文时，才发现他的论文简直比天书还难看懂，不仅低级错误一大箩，甚至study这种小学就学过的单词的复数形式都写成studys，而且语言中也分析不出什么清晰的逻辑，以至于我花了很长时间，才从一片迷茫中走出来。因为这篇论文，我甚至有一段时间在我的学生群里吐槽，说没通过大学英语六级的学生以后一律不要。

不过抱怨归抱怨，论文还是得认真改的，毕竟帮学生走完一套完整的研究生流程，论文写作指导是必需的。修改了多少遍不太记得了，学生自己在改的过程中优化了多少次算法也不记得了，我只记得2019年10月22日，码农节的前两天，这篇论文经过二审后正式被中国计算机学会CCF A类期刊 *IEEE Transactions on Image Processing* 全文接收[2]。参与论文评审的一位匿名评审也给了相对高的评价，他说"It is among the best experiment designs I have seen in recent crowd-counting papers"（这篇文章是他读过的人群计数文章里实验设计得最好的一篇）。自2019年发表至今，谷歌学术的引用也到了26次。

Padnet: Pan-density crowd counting 26   2019
Y Tian, Y Lei, J Zhang, JZ Wang
IEEE Transactions on Image Processing 29 (11), 2714-2727

图7-3 人群计数论文的谷歌学术引用情况

这件事也让我开始反思，也许我们在选拔人才的时候，没必要要求他有太全面的科研素质，创新能力才是研究生最需要体现出来的，其他的不足之处可以通过研究生期间的学习和导师的指导来弥补。

这大概是我觉得可以寻找到优秀学生的一些经验和体会。从我个人来讲，当导师最有成就感的事就是培养一批优秀的毕业生。而寻找到优秀的学生，那就有了更多在其研究方向上超越导师的可能性，就可以事半功倍，而导师也会因学生的成就顺便"沾沾光"，即所谓的"高徒出名师"。

如果学生选好了，可以说高徒出名师的条件就具备了，那怎么养成呢？下篇分解！

参考文献：

[1] WANG C, ZHANG J, WANG L, et al. Human identification using temporal information preserving gait template[J]. IEEE Transactions on pattern analysis and machine intelligence, 2012, 34(11):2164-2176.

[2] TIAN Y, LEI Y, ZHANG J, et al. PaDNet: Pan-density crowd counting[J]. IEEE Transactions on image processing, 2019, 29(11):2714-2727.

08 "泡泡糖"与脱口秀

▽ 初次报告获好评

2000年11月左右,我刚成为中国科学院自动化所的博士约两个月的时间,便迎来了一次导师组内的讨论班。

讨论班的那次会是在所里靠街边东楼二楼的小会议室开的,比较拥挤。组内两个博士、三四个硕士研究生,加上导师,坐下后,会议室的空间就所剩无几了。

这是我在导师的组内做的第一次报告。

记得当时讲的内容是针对聚类分析的进展做简要综述。聚类的意思把没有标签的数据按某种规律如分布密度稀疏或距离远近,通过非监督学习划分成多个类别。

因为公式有点儿多,我便没用计算机,直接用粉笔写板书来讲的。

我讲完报告,导师评价说:"讲得不错,有条理。"这给了我莫大的鼓舞,让我觉得三年后我可以当老师,可以上台讲课了。

后来所里又建了新的办公楼，我们搬到了九楼，环境有了改善。我们的讨论班用投影仪的机会也多了起来。记忆犹新的是，每次报告时，投影仪的光柱上都萦绕着导师抽烟时留下的丝丝尾迹。

▽ 中国机器学习及其应用研讨会

2002 年我第一次跟着导师出远门参加学术会议，即中国科学院陆汝钤院士在复旦大学举办的第一届"中国机器学习及其应用研讨会"。为什么叫研讨会（Symposium）呢？因为当时的举办地，复旦大学本部和邯郸校区的逸夫楼二楼的办公厅最多也就能坐 40～50 人，所以参会的人并不多。不过后来，这个研讨会连续举办了十几届，在南京大学周志华教授的主持下和机器学习同行（包括我的导师王珏研究员）的努力推动下，逐渐演变成了国内机器学习最好的一个会议，这大概是大家都始料未及的。研讨会的名字虽然还保留着，但近年来的参会人数已经超过 2000 人，早已经不是研讨会所定义的人数了。

记得当时临行前，导师叮嘱我："我给你创造机会，你能不能抓住就是你的事了。"所以，我非常认真地准备了这次报告。作为在读的博士生，我介绍了我当时的研究内容"主曲线和流形学习"[1]。同期做报告的北京交通大学的于剑老师，在报告间隙还和同行们讨论着我分享的一些研究进展。而在我的 PPT 里，一个演示主曲线如何逼近数据分布中间的动图，也让在座的学者们印象深刻，可能是因为那个时候老师们不太知道如何把动图插到 PPT 里。我觉得我后来能来复旦大学当老师，多少跟我做的这次报告的成功有些关系。

图 8-1　历年"中国机器学习及其应用研讨会"情况

图 8-2 2019 年 11 月 1—3 日带学生参加第十七届中国机器学习及其应用研讨会

在工作中，我指导了不少学生，越发觉得报告幻灯片和讨论班这两块在培养学生的表达能力方面有着重要的作用。这里，我先从"泡泡糖"（根据幻灯片 PowerPoint 缩写 PPT 起的昵称）和脱口秀的角度分享一些报告幻灯片的经验，希望能对导师和在读研究生有所帮助。

▽ "泡泡糖"的逻辑与观点表达

有多种工具可以用来制作报告幻灯片，如用微软 Office 的 PowerPoint 制作的 PPT，有些人会用其缩写的谐音戏称为"泡泡糖"，也有用苹果操作系统自带的 Keynotes。还有当数学公式太多时，直接用 LaTex 排版软件来做的 PDF 格式的幻灯片。经过了 10 多年的版本升级，前两者的动画效果和辅助功能的花样已经是今非昔比，用得好的，做出来的成品绝对相当酷炫。后者则可以通过 PDF 文件页与页之间的连续变化来形成伪动画，以便在视觉上逼近前两者的动画效果。但要用好"泡泡糖"，除了版面上能做得好看外，我们还需要注意做报告的一些基本原则。

首先且最重要的，是制作的"泡泡糖"应该有逻辑性，如果可能的话，最好能有故事性。比如一个 45 分钟的关于人工智能新方法的介绍，我们不妨设计好提纲，给出能吸引人的背景介绍，指出潜在的应用方向，并综述现有工作的成果及其不足，哪些研究团体在做这些研究，再说明新方法解决了哪些不足，如何解决的，效果如何，新方法还存在哪些不足和值得改进的地方。这些都需要在做"泡泡糖"时仔细规划，才能形成好的报告效果。

其次，应该有自己的观点和见解。好的、不合理的、值得学习的、需要摈弃的，都可以分析讨论。学生们要充分利用讨论班和写"泡泡糖"的机会来锻炼自己，让自己逐渐具备这种辩证思维的能力，因为它有利于科技论文的写作。在条件允许的情况下，还应该适当设计一些问题，让讨论班的师生进行头脑风暴（Brain Storm）。通过这样的交互模式，在活跃气氛的同时，也许还可以找到潜在的研究方向或课题。

▽ "泡泡糖"的制作技巧

另外，撇开动图不讲，这里还需要注意一些制作"泡泡糖"的基本技巧。

第一，每张幻灯片上需要呈现的内容最好**有条理性且简洁明了**，不要放太多文字。否则，听众很难在短时间内从幻灯片里的众多文字中提取出关键信息。解决这个问题，要么对想表达的内容进行凝练，一张幻灯片中分 4 ~ 5 行形成总结性陈述；要么对关键内容描红或设计成能吸引注意力的颜色或字体。

第二，**图表公式尽量保证高分辨率**，不要直接复制粘贴，可以自己重写的就重写。尤其是数学公式，如果直接复制拟报告论文里的数学公式到幻灯片上，通过投影仪放大后有很明显的马赛克，即能看到每个字都有很多小的矩形框组成的锯齿边。更有甚者，有些学生为了省事，把论文整个截图放在灯片上。这在一定程度上会降低听众对报告幻灯片美感的体验，也会影响听众对报告人的印象，以至于下意识地认为报告人在准备报告幻灯片时是不认真的。

第三，**一图胜过千言万语**。人是视觉动物，更容易接受图表上的信息。而且图表传递的信息本身也比文字要丰富。所以，在制作幻灯片时，尽可能多用一些图表来阐述，效果会更好。

第四，**多用思维导图或箭头**。当幻灯片中的内容较多时，可以适当利用思维导图或者箭头来帮助厘清不同内容模块之间的逻辑关系。通过这种方式，听众能够更好地、有顺序地去了解报告的内容，而不用浪费时间、漫无目的地找重点。逻辑清晰的思维导图和箭头也会让听众对报告人有好的印象。

第五，**音视频相结合**。纯文字的幻灯片容易让听众感到视觉疲劳，导致听众不会认真听后面报告的内容。所以，如果报告人能根据报告内容，适当增加一些音视频的素材来吸引听众的注意力。比如人工智能领域，经常会出现一些新的"黑科技"成果，把相关的视频放出来，通常能够提起听众的精神。

第六，**多讲实例**。讲科技报告，这一点也需要注意。如果整个幻灯片都在推导数学公式，那很容易导致听众的注意力不集中。但是，如果报告人能够将公式与潜在的应用结合起来讲，或者能通过一些实例来阐明公式背后的潜在应用价值，就能更好地吸引听众。毕竟，实例更贴近生活，更容易让听众有代入感。

第七，**台下十年功，台上一分钟**。老师上课的时候，通常讲的内容只是备课内容的一部分，因为需要留出余量来应对学生可能提出的各种问题。概言之，应该用120%以上的精力来准备报告内容。如果纯粹只是为了应付，草草地把要报告的文章内容读出来，那效果就可能是事倍功半的。

除此以外，还有一个报告需要注意的环节，就是讲报告中"说"的能力。

▽ **脱口秀**

学术报告多数时候要像天气预报一样严谨，不能讲错。尤其是现在这个微视频盛行、弹幕满屏的时代，更要小心，不要把一些常识性知识点讲错，上传视频前最好反复斟酌、考证。当然，报告人也是人，是人就一定会犯错。所以，听众也不妨多点儿宽容。

除了严谨，学术报告有的时候也可以像脱口秀（Talk Show），适当加入些能调动听众情绪的元素，比如幽默感。这点在学术会议或未来的工作中做报告时都是有用的。比如学术会议，通常一天会议听下来，听众可能已经很难再集中注意力听新的内容了，这时讲点儿比较好玩的事情，讲点儿与专业相关的谐音梗，有利于重新激起听众的兴趣。特别是下午，笑声能把那些快昏昏欲睡的听众重新带回到学术讨论中来。比如上图像处理课，我给同学们解释线性算子 H 的对尺度因子 a、b 分别乘两个函数 f 和 g 的计算，在算子内计算，和算子外计算是不变的，即 $H(af+bg)=aH(f)+bH(g)$。我就举了个情人节男朋友送礼物的例子。女生希望她男朋友能送给她金、银和花，结果男朋友买了瓶金银花露送给了女生。这就是误解了线性算子，因为金银花的例子里，算子内的内容和合并后的内容是不同的。

▽ 科普解读

还有就是内容的解读，应该多考虑听众的多样性和接受能力上的差异，尽可能用通俗易懂的话表达出来。在讲到比较难的概念时，可以通过打比方的方式来讲解。比如说统计和个体的差异，就可以用常见的养生方法对应统计少数生活方式不规律（爱抽烟喝酒或喝可乐）也能长寿对应个体，这样形象地解读之后，听众就能很清晰地了解抽象的概念了。现在国家越来越重视科学普及，如果能够在平时讲幻灯片的时候，把科普解读的能力锻炼出来，那说不定在以后哪天真正需要做科普时，也能信手拈来了。

▽ 声音、节奏的魅力

另外，报告人声音的强弱、顿挫、快慢、停顿也非常重要。其原因如下。（1）如果声音太小，听众无法听清报告的内容，报告的效果会大打折扣。当然，在某种意义上，声音的洪亮程度也反映了报告人对报告内容的自信和熟悉程度。（2）如果讲得没有激情，缺乏强弱之分，就不容易让听众明白报告的重点在哪里。（3）讲报告的时候有节奏感，也是一个好的策略。结合强弱的变化，更容易吸引听众的注意力。（4）做报告时需要有一定的停顿，因为不是每个听众都对报告者的内容、专业领域非常熟悉，能够一看就明白。有的时候，听众还是需要点儿时间反应的。不过近年来有些会议增加的焦点论文环节，只给报告者两分钟的时间宣讲自己的成果。一些报告者不得不以极快的语速来介绍，有些甚至连换气的时间都缩短了，其实际的宣传效果可能会不尽人意。当然如果能像凤凰卫视军情观察室的主持人董嘉耀那样，为了烘托军情的急迫，而采用极快又扣人心弦的语速播报新闻，那就另当别论了。但如果把全部内容写在 PPT 上，然后没有语气强弱变化地读 PPT，那显然就无法像脱口秀一样吸引听众，也无法让听众产生对报告中未知内容的期待。

▽ 时间与情绪控制

还有就是时间的控制问题。我参加过很多学术会议，发现有一个很有意思的规律。就是在时间控制上面，企业界的报告人总体来说要弱于学校的老师。其原因在于，老师经常上课，课时都是有固定要求的，所以控制时间的意识很强。反观企业界，平时应该很少把握过报告的时间。然而这一点又非常重要，尤其是现在生活节奏普遍较快，很多人都在卡时间点，也许听众中有人接下来还要赶飞机。如果时间把控不好，拖得时间过长的话，就有可能导致后面的报告人无法按计划进行，以至于摔话筒的过激行为都有可能发生。而对于学生来说，讨论班就提供了一个好的控制时间的训练机会。如果学生缺乏这方面经验的话，在讨论班或更正式的报告开始前，不妨卡时间多练习几次，确保不会超时。

　　还有一个要注意的是，情绪紧张问题。第一次上台做报告的学生，在陌生环境或众目睽睽下，容易产生紧张情绪，尤其是台下有很多专家，学生又对自己报告内容不太确信时。我在会议上见过一些上台报告紧张的学生，讲的时候声音都是发抖的，也许平时多做些报告就能够缓解这种紧张。

　　总之，不管是"泡泡糖"的制作还是脱口秀的练习，实际上在读研期间都可以通过营造好的、定期的讨论班氛围来不断改善。那如何营造呢？下篇分解！

参考文献：

[1] 张军平，王珏. 主曲线研究：综述 [J]. 计算机学报，2003, 26(2): 137-14.

09 讨论班与综合科研能力

> 讨论班是研究生期间，每个导师的组内成员最常见的、可以共同参与的学术活动。除了能培养制作"泡泡糖"与脱口秀的能力外，它对于培养学生**质疑**、**处理错误**、**泛读文献**、**头脑风暴**、**学术争执**等能力至关重要。
>
> 而从导师的角度来说，组织讨论班是开展科学研究、形成组内健康的科研氛围的必要一步，哪怕再"朴实无华且枯燥"，这个习惯还是得形成并坚持。
>
> 那么，这些能力如何在讨论班中得以提升呢？讨论班又要如何组织呢？

▽ 质疑的能力

在讨论班里，学生应该敢于提问，因为它是提高学习时商的最佳办法。如果在讨论班的报告过程中，想到的问题能够当场得到解答，就可以不用额外花时间去查资料找答案了。

然而这种质疑的能力对多数学生来说，并非与生俱来。很多学生可能从小到大都不太敢提问。中小学的多数学校都在为中考、高考做准备，为了能获得高分，提前学也是普遍现象，为了能尽快完成课程教学内容，老师也在赶教学进度。甚至有人在刚出生的小孩的照片上方写着离高考还有多少天。虽然是开玩笑，但它也表明有不少人在起跑线就想抢跑了，而在途中也很难有时间停下来。学习的绳子长时间拉得这么紧，久而久之，学生对新事物的好奇心和兴趣会被这种高强度的学习磨灭一些，因此，课堂提问的能力也会有所丧失。

记得 2007—2008 年我在加利福尼亚州大学圣地亚哥分校（简称 UCSD）访学时，参加过很多次讨论班，如计算机视觉领域的青年才俊——Serge Belongie 教授开设的计算机视觉讨论班。在讨论班期间，我发现敢问问题的学生明显比国内多一些，报告人也乐意回答。而且不论问的问题是困难的，还是简单的，报告人回答之前都会很礼貌地用类似"Good Question"（好问题）的话先鼓励一下。

主动问问题的习惯可能与不同的教育体制有关。比如美国小学是推行快乐教育的，快乐教育的好处是老师基本不批评学生，只赞美和鼓励，学生的自信心容易得到很大程度的满足和加强，学生便敢于发问，即使问得比较简单也不担心。当然，快乐教育也不是没有弊端的，它对基础教育就有点儿过于放松了，以至于很多学生连基本的心算都不会。比如大学考试国内的学生能心算的部分，可能国外的学生得带上计算器才能过关。

因此，开设讨论班的一个重要功能就是帮助研究生重新开启提问能力。新学生刚进来时，还不太熟悉讨论班的流程和本质，而且彼此间又还比较陌生。因此，一般不敢主动或率先问问题，生怕问得太浅显了被大家笑话，于是干脆"多一事不如少一事"。所以，在每学年讨论班开始时，导师和老生的示范作用就比较重要。导师和老生在讨论班时，不妨多顾及新生的这些特点。在讨论班中除了让老生讲些小组研究方向的基础知识外，也可以安排老生主动在每次报告中，适当问些相对简单、基础的概念问题，即使老生是懂的，也可以有意识地去问。这样的话，一方面可以让新生意识到不懂就能问，慢慢能从一个缄默不言的学生变成爱问问题、爱找问题的研究生。另一方面也可以顺便普及研究小组涉及的基础，帮助学生优化时间，把不懂的知识点在讨论班中消化掉。而回答问题时，建议多用鼓励的话，如"这问题不错""你讲得很对""值得思考""好想法"作为开头，激励学生在讨论班多提问。

▽ 处理犯错的能力

除了做"泡泡糖"，对理工科来说，还有一件事也是值得在讨论班上做的，就是在黑板上推导公式，因为这样才能更彻底地了解论文中定理、定律证明的合理性和其中的道理。另外，这种方式和自己一个人私底下推导公式还有一些不同，它能帮助人提升临场反应的能力。

很多学生怕在大家面前推导公式，担心万一推导错了或推导不下去了，会下不了台。实际上，人又不是神仙，怎么会不犯错呢？更何况发现错误，才有可能进步。在加利福尼亚州大学圣地亚哥分校访学期间，我旁听过的一门研究生的机器学习基础课程。听课的人不超过 10 个，上课方式很像讨论班。上课老师是 Yoav Freund，当年机器学习最火最经典的 Adaboost 算法的提出者之一。他在课上从博弈论的角度，详细介绍了他和合作者 Robert E. Schapire 提出 Adaboost 算法的来龙去脉。这倒是我没想到过的，因为以前读论文时我一直以为是从对错误样本分布的重加权的思路提出的。有一次在课堂上，他讲他已经发表的一篇论文，推导公式的时候，台下一个同学发现了一个小错误并指了出来。Yoav 仔细看了下，公式确实是有点儿问题，不过也坦承这个问题没有影响论文的整体创新性。这个同学笑着问，是不是可以再发表篇论文。Yoav 笑着说，你可以试试。如果我没记错的话，后来这同学在人工智能相关的 UAI（Uncertainty on Artificial Intelligence，不确定性人工智能会议）会议上拿了个最佳学生论文奖，而这次讨论课里还有些学生也在人工智能相关领域发表了不少高水平论文，比如目前已是 UCSD 的计算机和工程系的副教授 Kamalika Chaudhuri。

所以，在讨论班上鼓励研究生多多细推报告论文里的公式，既有利于上台推导的学生对问题的理解和提升临场反应能力，也能够帮助台下听的学生更好地看清论文的创新点和找出潜在的研究方向。

▽ 泛读文献的能力

讨论班也并非只有精读一种形式，尤其是现在论文较多的情况下。比如 2021 年计算机视觉顶级会议 CVPR 一次就接收了 1663 篇论文，其他各类会议的论文数也不少。要想一篇一篇全部读完，显然不现实。只精读，量就上不去，也难以形成对方向的总体感觉。所以，除了看网上的推荐论文外，引入类似于英语学习中的泛读非常有必要。泛读的形式不需要像精读那样一次只读 2～3 篇，泛读可以一次读 10 篇。方式也简单，可以在中午组织泛读，学生进行快速阅读和报告，比如通过看论文的题目来判断其是否具有创新性，推测作者可能的研究思路。看论文摘要来了解其文章的动机和形成最简洁快速的现状分析，包括判断作者的创新点在哪里、改进效果如何，等等。基于这些点，再通过论文的版面结构和实验图表分析等来形成相对全面的分析和判断。组织泛读形式的讨论班，有助于帮助研究生们全方位了解一个领域的发展状况，并锻炼学生快速思考、解决问题的能力。

▽ 头脑风暴

有的时候，一篇讨论班上报告的论文，在创新点上不见得会得到大家的一致认可。

即使论文已经发表在某个顶级期刊或会议上,但在讨论会上仍然会有学生质疑该论文存在的问题,比如创新性是否匹配会议或期刊的档次,比如实验的可信度,诸如此类。这个时候如果大家各执己见就很有可能会产生争执。不过,这也是必要的,只是把握好度,不要涉及人身攻击,有点"火药味"的争执有利于解决问题。不仅如此,争执的过程实际上也是一种头脑风暴,说不定就从中发现了潜在的突破口、创新点和值得去做的研究方向。值得注意的是,还有另一种头脑风暴的方式,即报告人根据报告的内容主动设问,请同学们回答。这种方式可以将被动式地听报告转为主动式地融入报告主题里,也能更好地让大家了解前沿进展、不足和进行针对性的反思。

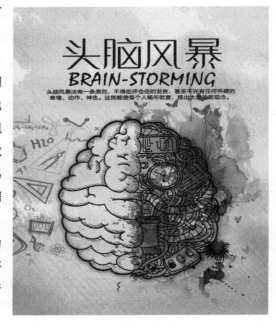

图 9-1 头脑风暴

▽ 组织讨论班

而从导师的角度来说,**组织讨论班**是开展科学研究、形成组内健康的科研氛围的必要一步,哪怕再"朴实无华且枯燥",这个习惯还是得形成并坚持。可是刚进学校的老师,完全没资格招生,怎么开讨论班呢?我分享下我开展讨论班的经历。

我 2003 年博士刚毕业来复旦大学的时候,条件还很艰苦,不管是生活方面还是科研方面。在生活方面,当时分配的宿舍是学校青年教师可临时居住的、还没装修的、著名的筒子楼 11 宿舍,住的是单间,房内没有配套的厨房和卫生间,每层楼有公用的。如果是夫妻一起居住的话,很不方便,需要提前抢时间去公用厨房做饭。要是哪位爱吃辣的"青椒"炒菜时油烟太大,整层楼可能都会弥漫着辛辣的气味。

在科研方面,当时我只是一位讲师,还不是硕导,当然也就没有什么研究生资源。幸运的是,我所在的上海市智能信息处理重点实验室在 2004 年邀请了当时已经很有名的南京大学周志华教授来访,访问时间近两个月,周教授在实验室开设了一个机器学习讨论班,那或许是复旦大学的第一个机器学习讨论班。我读博士期间就认识周教授,于是跟他商量了下,便以当时还算热门的、处于非欧空间的高维数据结构的方向,即流形学习为主题组织了其中的几期讨论班。参加讨论班的学生，主要是通过当时在高校很流行的 BBS（复旦大学的叫日月光华）发帖从全校招募的。虽然人不多，一起组织的时间也不长，好在讨论班组建起来了，我们还有了最初的科研合作成果。

图 9-2　2004 年与周志华教授（右）合影

一晃 17 年过去了，讨论班的成员从最初的以本科生为主，到后来以硕士生为主，再到现在以博士生和硕士生为主，讨论班一直稳定地继续着。不可否认的是，它为我的研究小组形成良好的科研氛围打下了坚实的基础。

▽ 自行组织讨论班

这里还需要提醒的一点是，学生也应该培养**自行管理和组织讨论班的习惯和能力**。尤其在导师学术活动繁忙，或有事需要出外访问进修的时候，学生也不要自我放松，把讨论班断掉。比如我在 2014—2015 年期间，曾经去美国宾夕法尼亚州立大学访学一年，但讨论班并没有因此终止。学生还是很自律地继续开着讨论班，不管是精读还是泛读。而我只要在网络能正常访问的情况下，也会通过网络来远程听讨论班的报告或参与讨论。另外，有些论文的速读，学生也可以自行组织小规模的讨论班，以相互促进对论文的分析、理解和探索。这些，就不一定要等导师来了才开展。

总之，讨论班是科研中非常必要的一环，它对培养学生在研究生期间的综合科研能力有着重要的功能。但要打造一个好的讨论班，需要导师和学生们的精心准备、相互配合以及充分的重视和坚持。

10 不对称的压力与科研流水线

> 2019年11月30日和12月1日,我坐了两趟不同款式的列车往返苏州,参加第九届吴文俊人工智能科学技术奖颁奖典礼,客串了颁奖典礼的主持,顺便唱了首自己填词谱曲的歌曲《田园小曲》,满足了开场"胖虎演唱会"(动画片哆啦A梦里的情节)的小愿望。去的时候从上海南站出发,绿皮车,耗时80分钟,虽然有时车速能到120千米/时,但也会在某些车站停十几分钟为其他线路让行,导致平均车速慢。但这样的慢车也有好处,在这趟车上我还跟陌生的同座聊了会儿天。
>
> 返程从苏州回到上海,全程25分钟。离开车只有14分钟时我才到达苏州站,一路狂奔赶上火车,拿出电子书看了没几页,就到上海站了,背上的汗都没干透。

▽ 科研的不对称压力

科研就像这两列不同车速的列车,有的时候很慢,因为慢工能出细活;有的时候又必须极快,尤其是需要解决短板问题、抢占研究方向的领先位置的时候。对学生来说,这两种科研节奏可以共存,形成的压力往往是串行的,一项做完再做另一项。而对于导师来说,则是多种压力的叠加,因为不仅有科研的压力,还有教学、家庭、琐事等。如果在学校或学院担任了领导的话,还有行政事务方面的压力。更何况,即使是纯粹的科研,其压力也有来自指导学生的多重累加。我们不妨把每个学生的科研和学习过程看成是一个有高有低、有紧张又有轻松时刻的压力波。比如计算机方向的学生普遍有"拖延症"问题,不到最后一刻难以全身心投入。这种情况下,冲击顶级会议前的(几天)熬夜就是处在压力波的波峰上,而投完稿的休息调整,则在波谷。学生的压力波会在这几个峰值上振荡前行。导师就不同了,导师的压力波可以看成是若干个学生不同周期的波与其他因素形成的波的叠加结果。直观来理解,有可能就是一条无休息的、接近直线的高压工作线了。

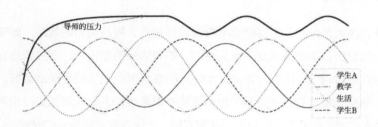

图 10-1 不对称的科研压力

在此情形下,如果不会缓解或分流压力,做科研的导师也许很容易把身体累垮,而学生也可能会因此而难以得到科研能力上的持续提升。

▽ 科研流水线

要解决这一问题,我个人认为,最理想的科研环境应该是像一条正在装配某个科研产品的**流水线**。大家在流水线上,按流水线运动的节奏来行事和相互配合。每个人认清自己在流水线上的角色和权责,把自己在流水线上"分内的事"按时并保质保量地做好。把互相"伤害"的程度降到最低。也尽量不要越俎代庖,以至于自己的位置空缺,反而影响整条流水线的装配进度。

那么学生有哪些需要做好的"分内的事"呢,而导师在科研流水线又需要做好哪些"分内的事"呢?

▽ 自律与效率

从学生的角度来看,做好自己,做一个认真、坚持的研究生可能是最让导师省心的。首先是科研的自律上,最好不要迫使导师不得不来管理,因为这会导致无意义的浪费。记得 2000—2003 年在中国科学院自动化研究所读博士期间,我基本上每天早早地就到了所里,晚上 9 点甚至更晚才回寝室。印象最深刻的是,冬天晚上回寝室的时候,时不时能见到两三层楼高的风裹着沙尘,沿着所门前的中关村东路一路呼啸而过。

实验室其他同学的作息也差不多。不管我导师王珏老师在与不在,学生去实验室学习似乎都很规律。尽管当时的成果并不显著,但不可否认的是,我读博三年的厚积是工作以后在科研上基本能做到游刃有余的关键原因。

除了作息时间的自律外，要做好流水线的一员，还得尽快**学会自己去探索科学问题**、搜文献、下载数据集、跑程序、做实验诸如此类的事，学会与同学们沟通和交流科研技巧，尤其是比较基本的科研问题，比如一些学术论文查找技巧、论文整理软件等。

另外，在表达方法，也得学会准确有效地表达，提高沟通的效率。如和导师之间在科研上的交流，不应该建立于漫无目的、不着边际的交谈上，而应该建立在有相对明确的目标的讨论上。比如讨论前，把相应的技术报告或实验结果准备好。如果没有准备好，就没必要急着去找导师。也不应该啰里啰唆，讲一大堆话也没讲到重点，给导师一种无的放矢的感觉。只有克服这些不足，才能有效节省彼此的时间。

▽ 导师的累积压力

相对于学生有大量时间能纯粹地做科研，导师的情况就复杂多了。用句俗话来形容，就是"上有老、下有小"，自己的事业也在上升期。更直白来说，就是杂事太多了。拿每年年终总评的自我评价来看，是最清楚不过的。作为导师，首先得完成一定数量的教学工作。对于以教学为主的学校，这一块的工作量可能是导师自我评价中最重头的内容，一周的上课量要到 12 节甚至更多。而在教学与科研并重的大学，导师一年上两门课也是必须的。看上去两门课的时间似乎不多，但是要记住，台上一分钟，台下十年功。在教学方面实际花的时间可不止这么多，每周的课程准备时间也有不少。特别是上新课需要的准备时间，那工作量是得至少乘上 3 的。

当然，近年来不少高校已经意识到教学与科研之间的平衡问题，会给予新进校的"青椒"前两年不上课的优惠政策，以便他们能在科研上集中精力先冲一下，这也算是一种减轻科研外在压力的举措。

▽ 导师们的辛酸琐事

教学任务完成后，还有科研。对导师来说，科研可不是只意味着发表论文，还有项目申请。但是，项目申请的成功率对多数导师来说，是很难做到像古龙小说里的小李飞刀，例无虚发的。何况多数情况下，一个项目的费用不足以支撑导师及其团队的研发支出。比如现在正处在第三波热潮的人工智能领域，很多任务如图像检索、人脸识别要形成高的预测性能，离不开高性能并行计算的显卡（即图形处理单元，简称 GPU）。而显卡的价格一般不菲，且只配一块显卡是运行不好也支持不了大规模数据计算的。理想环境需要 8～10 块 GPU，再配上 CPU、内存、硬盘、机箱等，算下来就 15 万元以上了。这样的硬件环境，不一定用单个项目的设备费就能买下来。

所以，一年申请多个不同课题的项目对导师来说并不少见。从项目的起草到提交，花在上面的时间也占比不小。

年终总结里，还需要涉及之前提过的学术活跃度，包括参加会议情况，是否做过大会报告、是否为期刊编委、是否为著名会议审稿或担任高级程序委员会委员或地区主席，还有学科建设、社团工会活动、学院服务等。这里每一项的参与都需要硬时间投入，累积起来，导师如果没有好的体能，身体都有可能扛不住。

除了年终总结和其他形形色色要填的表格以外，还有导师们比较头痛、容易被财务人员鄙视的报销。我想多数导师应该都体会过，一遍一遍修改报销表格以达到符合报销要求的惨痛经验。有的时候也许只是因为被某东优惠了两分钱，就导致整个报销流程要重走几天。对于经费充足或有条件的导师，这里不妨考虑在流水线上增加个科研秘书，以便能帮助自己把宝贵的科研时间节省出来。

不仅如此，对于多数导师尤其是中青年教师来说，对家庭的责任也会把时间分流掉一大块。但这也是必须的，因为家庭如果出现麻烦或问题，科研必然也会受影响。而其中，可能最重的压力是关于孩子的教育和健康的。孩子健康如果出状况，可能得去医院，一来二去就得好几天，科研自然得搁一搁。而教育里面的元素也不少，兴趣、爱好、成绩。其中，成绩是相对更被父母看重的。如果小朋友成绩上不去，估计导师们都没啥心情搞科研了。在这里，我分享个小经验，家长们应该尽可能在小学三年级前帮小朋友养成良好的自我学习的习惯。另外，**小朋友是可以自己教会自己的**。父母帮得越多、指导得越多，越不利于他或她自己去主动寻找问题的答案。只有让小朋友尽早学会自律式的学习，导师们才能减少家庭子女教育在科研流水线上的绝对占比。这个道理，其实也适用于研究生的学习。

以上这些大概是我们能看到的导师和学生之间在科研流水线上的不对称压力。而对于研究生来说，要避免流水线出现卡壳、停顿，不仅需要理解导师的压力组成，也需要对自己的各项要素进行优化管理。而其中一个特别需要优化的，就是减轻论文写作的压力。那如何写好一篇论文呢？下篇分解！

论文的选题与选标题

从科学研究的本质来看,我们不应该提倡"唯论文论"。但是,它的意思是指不鼓励论文的粗制滥造,不鼓励为了论文而论文,以及不鼓励只做些简单易重复的小创新。而论文写作本身,从我的经验来看,应该是研究生阶段必不可少的一环。

论文写作,对于完善研究生在科学研究中的逻辑思维能力,如连续性与严密性的逻辑,培养完美主义及团队合作等都至关重要。所以,我在这里详细阐述和分析论文写作的各种技巧,以及它与研究生阶段其他能力培养的关联性。

▽ 统计学习选题风云史

首先,我要谈的是,论文的选题,它与研究生期间关于研究方向的选择有关。选题不当或相对落后,往往意味着学生会白费工夫,有可能浪费学生自己的科研时间。这一点或多或少能从一篇论文的题目判断出来。

以人工智能领域的机器学习方向为例,在 1995 年左右流行用支持向量机(Support Vector Machine)来做分类预测研究,尤其是只有两种类别的数据分类问题(如识别手写数字 1 和 2 两个类别)。它的优点是,设计出来的分类器在学习理论上有严格保证,且几何上很直观,即可以形成像象棋里的楚河汉界(如图 11-1 所示)一样的分界面。在楚河汉界最中间划的直线就是能最容易划分和识别两类(标签分别为红方和黑方)数据的分界线,同时两类最靠近分界线的兵卒就是支持向量(Support Vector)。一旦通过有标签的数据学习到了这些支持向量和它们的位置,那么对新加入的未知标签的数据的类别判别就只需要用到这些支持向量，而其他如"车马将相炮士帅"的类别则一概用不到了。

然而，这只是考虑了"楚河汉界"是理想的平直形状的情况。在数据分析中，多数两分类问题面临的"楚河汉界"是弯弯曲曲的。于是，当时提出支持向量机和统计学习理论的统计学习专家 Vladimir N. Vapnik 就想了

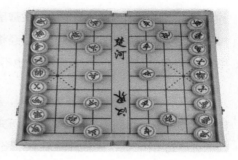

图 11-1　象棋中的楚河汉界

个办法，把这种弯曲的"楚河汉界"用一个非线性函数映射至高维空间上，在那个空间里"楚河汉界"又变成平直的了，然后就能用原来的线性切割技术把两类数据一刀切开了。打个比方，就是密封在瓶子里的一堆药片，本来没办法在不开盖的情况下把药片取出来，但如果将瓶子放到四维空间里，则有可能不打开瓶盖就能将药片取出来了。而且，Vapnik 这个方法还有一个好处，就是不用显式地知道映射函数的具体形式，也不用知道映射后的高维空间是什么样，所有的计算实际上都可以在原本数据生存的空间里完成，其中的技巧是只需要把原来的两个棋子间的距离或相似性计算换个函数就行了。那个函数叫作"核函数"（Kernel function）。

▽ 泛滥的核函数选题

核函数一出，在最开始简直是有"倚天一出，谁与争锋"的势头，似乎所有机器学习方面的问题都可以通过核函数来解决。于是，机器学习领域的科研工作者们，开始把研究重心转向核函数的研究，试图把所有可能进行这样替换的方法或应用都做一遍。最早那些敢于吃螃蟹的都得到了不错的回报，基本上论文题目加个核（Kernel）或者动词的核化（Kernalized）就能发个不错的会议或期刊。不过再好的思路，也架不住量多。没两年工夫，大家就对这一"加核"的套路产生了审美疲劳。评审们只要审到加了核技巧但又没有对核函数本身有实质性创新的论文，从看到标题就直接"怒从心头起，恶向胆边生"，潜意识里就倾向于拒稿。

类似的现象，在人工智能的发展过程中屡见不鲜，还比如曾经一度流行的专家系统，现在从事这一方向的人数已经很少了。其原因与我们对智能的认知观念和理论始终存在局限性有关，因此一直在不断调整我们探索的方向。其后果就是，对方向性转向不敏感和滞后的科研团队，很容易陷入选题不够前沿的误区。这个问题会导致刚进入科研领域还一无所知的研究生，在做了很久的研究和实验后，提交的论文结果却被评审

秒拒了。那感觉就像网上盛传的有关彗星研究的段子一样：某同学一直在追踪一颗彗星的运行轨迹，发现了重要规律，已经将论文写好准备提交了，突然这颗彗星在太空中被其他星体撞碎了，它的运行规律也不再有研究价值。

它提醒着导师们，一定要留个心眼，多读文献，跟紧国际前沿。在选题时尽量谨慎，做到有的放矢，也要多开拓些不同的研究方向。在扬长避短的同时，适时在自己的短板上进行充电和探索，避免堵死在一条路上。

▽ 不同的选题偏好

另外，在选题上学生还需知道的是，不同的导师在研究方向上的考量可能会大相径庭。但通常会有这样的规律：年轻的导师往往会更着眼当下的前沿和热点问题，对新方向存在的不足比较清楚，亲力亲为的也比较多。学生在年轻导师带领下，出成果的效率和数量都比较高。而资深或成名已久的教授则对学生是否有论文产出没有太强烈的要求，更偏好研究需要较长时间才能产出的重要科学问题，有的时候可能耗费一届研究生的时间也不一定能解决，学生需要更深厚的研究基础，再加上多多主动探索，才可能成功。当然，还有一种情况，是学生自己选择研究方向。这往往是那些一开始就很清楚自己想做什么的学生才能做到，或者是经过几次尝试后，最终找到自己的兴趣点。如果跟导师讨论后，也能得到认可，那就再好不过了。

▽ 选标题的门道

论文选题确定之后，如果一切顺利，成果还算显著且靠谱，那就需要着手写论文，宣传自己的研究成果。此时，论文的标题选择就很重要了。

论文的标题不仅能反映本研究组对方向先进性的把握，而且在一定程度上也决定了论文被录取的概率和审稿周期。需要注意的是，在会议投稿和期刊投稿上，标题的重要性有着略微不同的表现。

先说会议投稿。以会议盛行的计算机领域为例，目前的多数会议论文评审，常采用申审论文（Bid）的方式。首先，论文评审系统会先根据评审专家以往的论文发表情况来做初筛，并根据单位信息来避免潜在的冲突，再分发给评审者能申的候选论文。在申审论文的阶段，潜在的评审专家将能够看到论文的标题和摘要。

当候选论文数量过多时，评审专家有可能不会花时间将每篇论文的摘要都看一遍。多数情况下，评审专家会仅仅根据论文的标题来决定是迫切想审，还是无所谓。一般来说，评审会根据自己的研究领域来申审论文，越相近的可能越愿意选择迫切想审。而没把握只是有兴趣的可能就会选急切度不那么高的选项了。

一旦过了评审申审论文的时间节点，系统会根据申审论文的情况来分配最终的评审专家。当同一篇论文被评审专家申审得多的话，比如 60 个，随机性就比较大，因为一般一篇论文最多需要 4～5 个评审；而申审得少的时候，就会精准落到迫切想审论文的几位评审手上。

当然，这里也存在一个矛盾的地方，就是懂行的评审虽然能欣赏你的成果，但也可能会从更专业的角度更为苛刻地提意见。这些意见往往涉及论文的技术细节，有可能不太容易解决，或不能回答得让评审满意。大同行的评审则主要会从论文在大方向的把握程度以及写作的基本规范来评判。而碰到不懂行的，有可能提的问题没有实质性的帮助。所以，也存在实际成果不显著的论文被送到不懂行的评审手上，但因为符合基本规范然后被接收的可能性。

孰是孰非，需要自行判断。以我的经验角度来看，我还是建议尽量把标题写得明确，以确保能被分配到懂行的评审专家手里。因为即使被拒，也能够收获更专业的意见，便于下一步工作的改进和完善。毕竟写论文的目的，更多的是为了让自己的研究成果得到更好的传播，也为了能进一步提升自己的科研能力，而不应该只是为了发表论文。这应该是科研工作者做研究的初心。

而从期刊的角度来看，标题的好坏还决定了论文审稿时间的长短。当论文提交到期刊审稿系统，主编分配给编委后，编委第一件要做的，也是比较头痛的事，就是找评审专家。从编委的角度来看，好的论文标题是那种自带热点方向关键词的，因为这样的话，编委比较容易通过关键词的搜索，从期刊系统的专家库中找到合适的审稿专家。反之，编委则有可能一头雾水，不知道如何下手，只能盲目地去寻找潜在的审稿专家。一篇文章需要至少 3 个评审，如果出现后者这种情况的话，拟邀请的评审专家可能会因为方向不明确或不对路而拒绝审稿邀请。如果收到邀请信，马上拒绝的还好。问题是，并非所有评审专家都会及时返回其是否愿意审稿的答复。而如果审稿系统做得不好的话，更加无法知道评审到底是同意还是不同意审稿。结果，这一来二去，无形中就导致论文审稿周期的延长，白白浪费了论文作者的等待时间。

▽ **吸引眼球的标题**

另外，论文标题的选择也会影响成果的宣传效果和引用率。举个例子，2021 年 5

月我曾在某地拍了张照片,照片里有只兔子,如图 11-2 所示。为了能在 "头条"上获得好的传播,我给这张照片写了个标题 "有只野兔,聪明人 3 秒钟就能看到"。可能是因为这个标题涉及了"聪明人"这个词,又有观察图像的体验,结果这张图获得了 2.4 万次的展现量。这说明标题选择得好,才能够更好地传播内容。

图 11-2　荒野中的野兔(左)和野兔图的展现量(右)

所以,不管是投期刊还是会议,论文的标题都是需要慎重选择的。标题选得好,吻合研究内容又能吸引评审眼球时,会有事半功倍的功效。

除了标题,紧接着的就是论文的摘要了。那摘要需要注意哪些呢?下篇分解!

"重灾区"论文摘要

▽ **机会成本上升**

2020 年,据不完全统计,参加全国硕士研究生入学考试有 341 万人。而 2021 年的考研人数快速上升到了 377 万。2022 年的考研人数更是高达 457 万人。从 2010—2022 年这 13 年的统计数据来看,考研人数在 2017—2022 年这 6 年间的上升速度很明显,2022 年考研人数更是达到了 2010 年的 3 倍多。

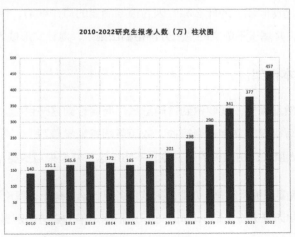

图 12-1　2010—2022 年研究生报考人数柱状图

显然，这种情况意味着机会成本的快速上升。以前本科毕业就能有好的事业上升势头，但这已经开始被是否读研的标准取代了。

要让机会成本物超所值，应在研究生期间形成一个或多个或成体系的科研成果。而要让大家了解科研成果的价值，把科研成果写成论文发表在期刊或会议上是关键的一步。另外，对于研究生而言，毕业论文也是必要的环节。这两种论文中，摘要都是非常重要的一部分。

▽ 论文摘要重灾区

在这里，我将针对这两种论文摘要的写法和存在的问题分享一下我的经验。

总的来说，期刊/会议论文的摘要和毕业论文的摘要都不需要写太多字数。前者要短一些，根据期刊或会议对摘要字数的规范，一般在 300 字甚至 150 字以内，超字数有可能通不过投稿系统。而毕业论文对摘要的长度大多没有明文规定，但通常也不应该超过一页。另外，对于中文毕业论文来说，还要求提供相应的英文摘要。

尽管两种论文摘要的功能都是提供论文的总结和内容概括，但还是存在重要的区别。前者写得好不好对于论文是否录用有重要的作用。比如前一节中，在我介绍过的"申审论文"阶段（Bidding Phase）中，论文摘要的准确表达能够帮助评审专家选择到与自己研究方向一致的文章，也因此能使投稿者得到更精准的建议。而对于毕业论文，摘要往往能帮助评审专家判断论文是否还存在大的漏洞或问题。同时，也能从摘要的写作水平推测出作者的研究是否严谨、规范。

基于我指导学生和多年评审各类论文的经验，我发现摘要是最容易被很多学生和导师忽视掉，却是最容易引起问题和麻烦的地方。尤其对于在职研究生来说，毕业论文的摘要很容易出现问题。为什么呢？因为根据摘要的写作细节，评审常能快速发现论文的关键问题，并基于不成文的**"三分钟拒稿法则"**，对论文形成大致判断。

▽ 摘要基本框架

事实上，既然是摘要，就要做到言简意赅。而要达到这一目标，学生不妨多读些文献的摘要，对写得好的文字适当摘抄，依葫芦画瓢地学着写。另外，论文摘要写法有基本套路。不太擅长自由发挥的研究生，不妨按这一框架来写摘要。

第一，要在摘要里提及的是，你要研究的任务是什么，有什么理论和实际应用价值。这大概可以用一句话来进行总结。比如步态识别根据走路的姿势识别身份，就可以写"步态识别是生物认证的方式之一,在社会安全、视频监控、身份认证方面有重要应用。与其他生物认证特征如人脸、虹膜、指纹等不同,步态是唯一可远距离识别的生物认证特征"。

第二,是概括性地总结现有的技术路线和方案,帮助读者了解前沿进展在哪里。仍以步态为例,可以写" 现在的步态识别方法主要分两大类,其一是通过建模的方式,其二是基于图像模板"。

第三,指出这些方法存在什么问题,以便引出本论文想要做的研究。比如"前者计算复杂,后者效率高但识别性能低"。

第四,为了解决这些问题,你提出了什么新的方法,提出的方法主要创新在哪里,有什么优点。比如"我们提出了一种新的步态模板技术,该方法既具有以往图像模板计算效率高的优势,同时也具备建模方式识别率高的优点"。

第五,怎么证明提出的方法是有效的。比如"我们在3个公用步态数据集上进行了测试,与5个最高水平的步态算法相比,我们提出的步态模板技术取得了目前的最佳性能"。

如果能把这五点总结出来,评审基本上就能获得一个对论文的初步印象,确定全文的创新是否有价值,以及是否达到了投稿的会议或期刊的录用标准。对于有经验或始终在一线工作的评审专家而言,这里的每一句都能帮助判断作者的工作是否值得发表。

▽ **三分钟拒稿法则**

比如,如果摘要部分涉及的研究任务的理论和实际应用价值过于一般、常见或从众,相似文章看得多的评审有可能会从审美疲劳的角度先验地来扣分。而对研究方向前沿进展的总结,可能就一两句话,它也能反映出作者是否真正了解当前的现状。如果作者写错了或文献看少了,就容易触发三分钟拒稿法则。而对存在问题的总结和思考的陈述,则是评审和投稿者在研究工作值不值得做的一次双方品味上的匹配。如果评审觉得问题太小,做得没意义,那就会导致糟糕的评价。解决问题的方案则是体现创新性的地方,多数评审是偏好原创性的,而不是简单的组合性解决方案,尤其是生硬的组合方式,比如先做一个已知的 A,再做一个已知的 B,最终用 A+B 结合的结果来获得好的性能改进。这种直接的方法,有可能会让评审觉得作者不够努力,或不愿意深入思考去获得一个更有技巧性和创新性的,能形成 C=AB 的 C 方案。因此,这样的解决方案也容易导致拒稿。最后,就是证明的表述。作者应该明确自己是如何进行验证的,效果如何。通常情况下,需要证明自己的方法在多个公用数据集上优于其他方法,才有可能让评审相信。但这里也有一个需要注意的事项,就是既不能过于美化自己的方法,让人觉得根本不可能实现。也不能过分直白,把方法的短板毫无保留地呈现出来。在后者的情况下,评审只会抱着万分同情,遗憾地拒掉稿件。

当然,除了这些从逻辑上能发现的问题外。容易导致摘要成为论文问题重灾区的,还有一个就是写文章的认真程度和专业性了。如果投稿者在写作摘要时不够认真和专业,评审很有可能会怀疑论文的可信度和实验的真实有效性,从而导致评审采用三分钟拒稿法则来拒稿了。

举例来说,如果只有150个字的摘要里面,就发现三处以上的语法错误,或单词错误,那必然会引起评审专家的不满。如果连最简单的英文单词都拼错了,那说明作者在提交论文前可能都没用如Word里的自动拼写检查功能进行检查。再比如时态错误或单复数的错误,这都是稍微检查就能做到的。还有,如果摘要里写的英文句子要费半天力气才能读懂,甚至费了半天劲依然读不懂的话,那就会进一步加重评审专家对论文的不好印象。因为这些细节,在一定程度上反映了作者在投稿前没有真正认真地检查过。还有套路式用语,容易让评审看到作者单词量的匮乏。在我见过的硕士毕业论文中,"With the development of..."的摘要开场白可能是见得最多的。有时候想想也无语,难道一定要用日新月异的发展当开头,才能证明做的工作是热点和创新性高的吗?

▽ 写摘要与关键词的节点

除了以上提及的问题,还有一个要注意的,就是摘要什么时候写合适?是一开始写,还是写完全部论文后再写。这需要导师和学生反复沟通,不是一蹴而就的。有些导师偏好写论文之前,先跟学生沟通研究的内容,把摘要写好后,再让学生按摘要的逻辑来撰写全文。也有导师偏好,先修改全文,等把研究内容完全消化理解后,再总结性地写摘要或帮助学生修改摘要,然后再根据摘要的逻辑,和学生一起微调全文。哪种方式更好呢?这需要导师和学生们根据自己的情况来决定。

论文摘要后面还有一个地方也需要注意,就是关键词(Keywords)。一般来说,一篇论文允许有4~5个关键词。这些关键词的功能是对论文内容的最简短总结。在期刊投稿中,它能够为负责论文的编委提供检索信息。有些期刊会将关键词的信息做成数据库，编委只需要在库里把与投稿论文最匹配的关键词找出来即可。关键词的用途是，能够帮助编委快速找到跟论文研究内容相吻合的评审专家，因为那些专家在各个研究方向上也都有对应的关键词。但如果作者没有选择好关键词，或用了一些相当陌生的关键词，编委就无法利用这块的信息，在寻找评审专家上耗费大量不必要的时间。另外，很多论文数据库也有检索关键词的功能。如果有兴趣的读者检索关键词时查不到你的论文，那就意味着这篇论文的阅读次数会减少，继而也就影响了该论文的引用和影响。

Abstract—Gait is a unique biometric feature that can be recognized at a distance; thus, it has broad applications in crime prevention, forensic identification, and social security. To portray a gait, existing gait recognition methods utilize either a gait template which makes it difficult to preserve temporal information, or a gait sequence that maintains unnecessary sequential constraints and thus loses the flexibility of gait recognition. In this paper, we present a novel perspective that utilizes gait as a **deep set**, which means that a set of gait frames are integrated by a global-local fused deep network inspired by the way our left- and right-hemisphere processes information to learn information that can be used in identification. Based on this **deep set** perspective, our method is **immune to frame permutations**, and can naturally **integrate frames from different videos** that have been acquired under different scenarios, such as diverse viewing angles, different clothes, or different item-carrying conditions. Experiments show that under normal walking conditions, our single-model method achieves an average rank-1 accuracy of 96.1% on the CASIA-B gait dataset and an accuracy of 87.9% on the OU-MVLP gait dataset. Under various complex scenarios, our model also exhibits a high level of robustness. It achieves accuracies of 90.8% and 70.3% on CASIA-B under bag-carrying and coat-wearing walking conditions respectively, significantly outperforming the best existing methods. Moreover, the proposed method maintains a satisfactory accuracy even when only small numbers of frames are available in the test samples; for example, it achieves 85.0% on CASIA-B even when using only 7 frames. The source code has been released at

Index Terms—Gait Recognition, Biometric Authentication, GaitSet, Deep Learning

图 12-2　步态识别论文的摘要和关键词示例[1]

总之，摘要是帮助大多数评审完成三分钟拒稿法则的重要关口，它帮助评审快速地判断论文的创新性、前沿性、认真程度和逻辑合理性。作者只有写好摘要，才能尽量避免评审使用三分钟拒稿法则。而关键词是否处理得好，也关系到了论文是否能快速送审和获得更多的引用。一旦这摘要和关键词写好了，我们下面要关心的就是论文的介绍部分了。

参考文献：

[1] CHAO H, WANG K, HE Y, et al. GaitSet: Cross-view gait recognition through utilizing gait as a deep set[J]. IEEE Transactions on pattern analysis and machine intelligence, 2021.

13 引人入胜的开场白

> 2013 年 4 月,在澳大利亚黄金海岸,碧蓝的天空下,中国香港科技大学杨强教授在酒店的室外泳池里以自由泳的姿势,快速且有节奏地游泳。等他停下来的时候,我过去跟他打了个招呼,询问了我的硕士生谭奔在他那读博士的情况。我也顺便向他请教了如何写论文的开头,因为他在机器学习领域是国际知名的资深学者,而且 2012 年年底还和韦仕敦大学凌晓峰教授一起写出了一本关于学术研究的书[1]。
>
> 他想了想,跟我分享了他的观点。学生在写论文的开头部分时,往往喜欢强调自己提的新方法,偏好花很多笔墨介绍自己方法的新颖性,觉得这才是要向读者推介的重点。但实际上,从读者和评审的角度来看,可能更希望知道的是,提出的方法到底有何意义。因此,在写论文的开篇时,学生应该要想想如何以一个引人入胜的故事作为开场白,而不应以纯方法贡献的描述作为开始。

▽ 问题的引出

引言或介绍是论文的开场白。一般来说,它是用来交待本论文研究工作的来龙去脉的。和摘要一样,引言应该告诉读者:(1)研究的问题是什么;(2)有什么意义;(3)它的独特性表现在哪里?这一点有点儿像保安经常问的"人生三大哲学问题":"你是谁?你从哪里来?你到哪里去?"

仍以我们小组研究了 10 余年的步态识别[2-4]为例。介绍部分的内容应该与摘要部分保持一致性,但需要在语言表达上避免重复,免得让评审或读者觉得作者的词汇量匮乏。第一句话从生物认证(Biometric Authentication)切入,科普生物认证的概念,指出它包括人脸、指纹、掌纹、虹膜、声纹、步态等人类的外在特征识别,以及手指静脉、掌静脉等内在特征,并说明其在社会安全、视频监控和身份认证方面有着广泛的应用。

这是对研究工作意义的交代，表明研究任务具有重要的意义，帮助评审对论文工作的贡献形成初步判断。另外，这里的陈述也需要与投稿的会议或期刊的主题挂上钩，不要让评审觉得投稿的文章不在许可投稿的范围以内。比如，如果是计算机视觉领域的会议，作者就可以在语言表达中指出，生物认证主要依赖于与视频或图像相关的处理技术。

▽ 难点和贡献的突出

接下来要说明的，是突出本文研究问题的独特性。首先解释步态和其他生物认证技术的不同在于，它们都只能做近距离识别，指纹识别需要手指直接接触采集设备，虹膜识别只能在 1 ~ 1.5 米有效，而人脸识别最远 7 ~ 8 米，更远的距离就只能依赖分析人的走路姿势。然后，再指出步态识别不需要人的配合，且从心理学的认识上解释每个人的步态是唯一的。另外，受疫情影响，现在很多人都戴口罩，人脸识别的性能就被遮挡严重影响了，而步态不受其影响。这样的分析凸显了步态的独特性和价值。但只写研究的意义而不写研究的难点也不合适，会让评审看不到研究的困难在哪里。所以，最后要介绍一下步态识别的难点是什么。步态识别的难点在于人的步态受外界环境的影响大，背包、发型、穿衣、摄像头的采集角度甚至地面的情况都会影响到步态的识别。这些对步态识别的有效性造成了巨大的困难。

在论文开头部分指出这些问题，就能为论文随后要展开的研究或拟解决的问题埋下伏笔。

▽ 相对全面的现状概述

显然，先前的工作已经解决了部分问题。因此，引言或介绍部分需要对研究现状进行概述。最好用归纳总结的方式来概述，将解决问题的策略分成几种不同的思路。如步态识别的策略，可以分解成基于时间序列的视频来建模的、从视频序列中总结出单张图像模块的，以及基于结构元如火柴棍结构的模型这三种范畴。再对每条思路或每个范畴，点出其中有代表性的文献。

这里需要注意几点。第一，这里的概述要比摘要丰富，但也不要用过多篇幅在此处详述，因为**过长的概述**会增加不必要的阅读时长，妨碍评审专家和读者快速过渡到论文的核心内容，也容易导致他们抓不住重点，甚至引发不耐烦的情绪。尤其是评审阶段，它还可能增加论文被拒稿的风险。

第二，要善于归纳总结，切忌为了引用而引用。尤其是一句话后面跟一堆文献的时候，类似于"[1, 2, 3, …, 10]"。这表明作者其实并没有认真阅读相应的文献，会让评审觉得作者并不是真正了解此方向的进展，只是为了凑文献，便随便搜了几篇论文，看了下摘要，就草草加到文章的引言部分了。当然，像这样引用的情况在期刊论文中比较多见。原因可能是，有些期刊要求作者引用其刊物的文章，以增加期刊的影响力，但作者可能找不到完全相关的，只能找部分相关的文章来引用。

第三，要尽量引用重要文献，且要有足够的时间跨度，一定要跟踪热点文献。具体来说，引用论文研究方向中的经典文献，它表明作者对这一研究领域的历史发展比较清楚，因此，研究的可行性是可以保证的。另外，热点文献的引用则表明作者并非闭门造车，不关心外面其他团队的研究进展。因此，可以推测作者做的研究大概率是与时俱进的。

在概述中，还需要写的是，指出不同范畴方法中存在的问题，以便引出论文中要提出的新方法。这些问题，可以是单篇论文存在的，也可以是一类方法的共性问题，但一定要紧扣论文正在研究的内容或提出的新方法。需要注意的是，既然是科学研究，就要清楚不存在终极算法，每种方法总有不足或问题。所以，如果研究方向中某些问题并非本文拟解决的，就没必要写出来放正文里讲，只分析与论文相关的关键问题即可。

▽ 论文的贡献与结构

完成以上内容的撰写后，我们再描述本文提出的方法，以及它解决了哪些问题就很自然了。为了帮助评审更快速地了解创新点在哪里，我们不妨另起一段总结下本文工作的贡献点。没必要写太多贡献点，因为言多必失。通常情况，写了3~4个突出的贡献点就足够了。如果空间充足的话，可以用分点分行的格式来写，简洁明了，一目了然。当然，哪些是值得讲的贡献点，需要仔细斟酌。比如，可以从设计思路的创新性、理论性的证明、算法的优化效率提高、算法计算复杂程度的显著降低、模型结构的有效改善、目标函数的合理调整等方面来考虑。但需要注意的，提及的贡献点或创新点都应该是用来解决先前文献中存在的问题的。这样，才能在文章引言部分形成逻辑闭环。另外，实验效果好，算不算贡献点呢？有些评审就认为这不是实质性的贡献点。所以，当感觉创新点还不够时，作者再考虑用实验的充分验证来作为贡献点也不迟。

除此以外，引言或介绍的最后一段需要对论文的结构做个总结和导引，介绍随后章节中，每一节的内容是什么。不过，在会议论文中，如果篇幅不够的话，这一段的内容可以被省略掉，这种情况在 4 页左右的短论文中比较常见。另外，现在很多顶级会议里，为了能丰富实质性的内容，多数论文也开始将这一段省略掉。但在期刊论文或毕业论文中，这一段的内容描述还是需要的。这点需要注意。

总之，在引言或介绍部分，内容不宜太多，以避免阻碍评审专家和读者对创新点快速了解；第一部分的综述也不宜太宽泛，挑重要的、要解决的问题的工作来写；创新点需要凝练，展示真正有创新的点，最好能一目了然，分点分行表述。

写完介绍部分，另一个要讲的环节就是相关工作的介绍了。如何写呢？下篇再讲！

参考文献：

[1] 凌晓峰，杨强. 学术研究，你的成功之道 [M]. 北京：清华大学出版社，2012

[2] CHAO H, HE Y, ZHANG J, et al. GaitSet: Regarding gait as a set for cross-view gait recognition[C]. AAAI Conference on artificial intelligence, Hawaii, USA, Jan.28- Feb.2, 2019.

[3] WANG C, ZHANG J, WANG L, et al. Human identification using temporal information preserving gait template[J]. IEEE Transactions on pattern analysis and machine intelligence, 2012, 34(11):2164-2176.

[4] CHAO H, WANG K, HE Y, et al. GaitSet: Cross-view gait recognition through utilizing gait as a deep set[J]. IEEE Transactions on pattern analysis and machine intelligence, 2021.

14 综述东来顺，引用西太后

▽ **数据驱动的智能交通综述**

2010 年，我的博士生导师王珏老师跟我说起，所里的王飞跃老师想找我讨论智能交通相关的事情。我便打电话问了下王飞跃老师的空闲时间，当时他刚好在北京的王府井附近开会，又恰好到了吃饭的时间，我们就约在东来顺边吃边聊。他跟我谈了他对大数据的思考，认为大数据的核心与本质应该是数据驱动（Data-Driven），希望从交通的角度开始树立这个理念，建议我以数据驱动的智能交通为题写篇综述，并对其未来的发展加以展望。

我听了后，也觉得不错、有意义，只是感觉题目太大，有点儿无从下手。王飞跃老师便建议，不妨从计算机视觉这个我相对熟悉的领域开始着手。为实现这一目标，我有选择地下载了 IEEE TITS（IEEE Transactions on Intelligent Transportation Systems，《IEEE 智能交通系统》）这个期刊及相关方向的期刊和到 2010 年为止近 10 年会议上发表过的、与拟撰写综述相关的论文，逐篇阅读分析、归纳总结。

在阅读文献的过程中，我也顺便把自己原来对智能交通的理解进行了拓展，对这一方向的认识也逐渐加深，慢慢形成了自己的判断，并提炼出自己的一些观点，比如归纳出文献中存在的若干研究分支和不同的研究角度，以及各种潜在的应用等。大概花了 10 个月的时间，我才写完这篇文章的初稿。再加上后期几位朋友包括当时在中国科学院自动化研究所、现在在北京化工大学的王坤峰教授，美国亚利桑那大学 Lin Wei-Hua 教授和国防科技大学徐昕教授的加入及反复讨论，对本综述可涵盖的范围做了扩展，对语言做了进一步的润色和提升，前前后后总共用了一年多的时间，这篇名为"Data-Driven Intelligent Transportation Systems: A Survey"的文章最终于 2011 年在 *IEEE TITS* 上发表[1]。

在论文中，我们主要讨论了智能交通的几个潜在的方向。在虚拟智能交通环境中，我们分析了平行控制与管理、驾驶员行为仿真、平行道路级的交通控制等。尽管论文写于 10 年前，但从目前的智能交通现状来看仍然有着重要的指导作用，比如现在在智能交通领域流行的数字孪生，从某种意义来说，就是王飞跃老师一直倡导的、这篇综述中也详细分析的平行系统的推广。

另外，比较有意思的是，自 2012 年开始，随着人工智能中深度学习的兴起，越来越多的科研工作者认识到利用大数据能够提升预测性能，数据驱动也因此成为了各行各业运用智能计算的主要方式。

图 14-1　截图来自 IEEE Xplore 数字图书馆（截图时间为 2021 年 4 月 6 日）

时间如梭，不知不觉已经到了 2021 年 4 月，我上 IEEE 官网上看了一下这篇文章的下载量和引用数，分别是 16849 次和 685 次。记得 2020 年 1 月时，我截图分享给王老师看，当时下载量也有 14000 多次，他觉得挺开心，调侃这文章是“综述东来顺，引用西太后”（注：西太后意指“高高在上”。另外，当年西太后住地恰好在东来顺的西边、紫禁城的最后面）。

2020 年年底，我们撰写的这篇综述获得了 2014—2017 年智能交通领域的最佳期刊论文奖和 G. N. Saridis 奖[2]。该奖项用于奖励智能交通领域最具影响力的论文，每年仅评选出两篇在 *IEEE TITS* 上发表的论文，且不是当年评选，而是需要一定时间的积累后才有可能纳入评奖环节。因此，获得此奖实属意外之喜。

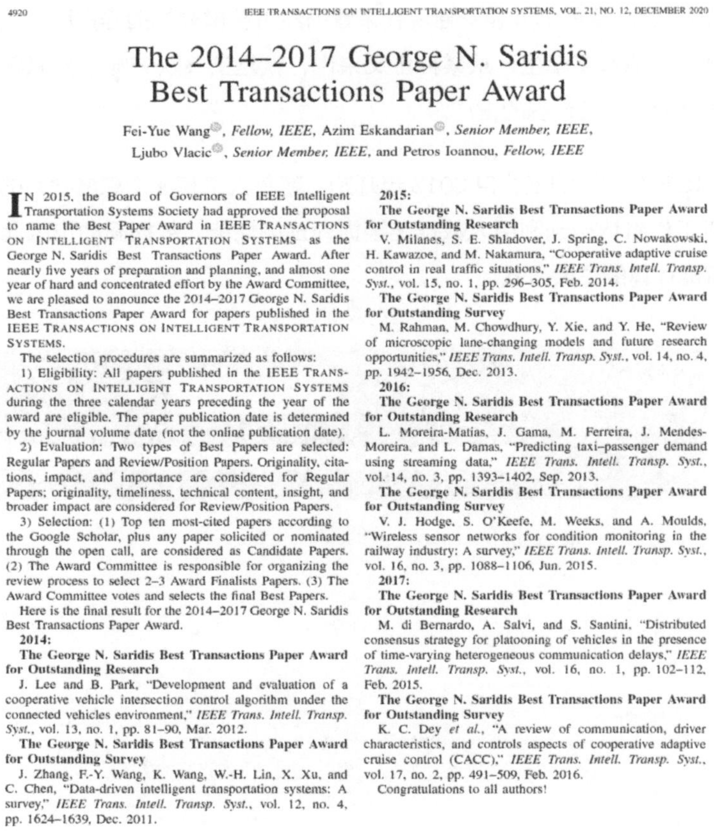
4920 IEEE TRANSACTIONS ON INTELLIGENT TRANSPORTATION SYSTEMS, VOL. 21, NO. 12, DECEMBER 2020

The 2014–2017 George N. Saridis Best Transactions Paper Award

Fei-Yue Wang, *Fellow, IEEE*, Azim Eskandarian, *Senior Member, IEEE*, Ljubo Vlacic, *Senior Member, IEEE*, and Petros Ioannou, *Fellow, IEEE*

IN 2015, the Board of Governors of IEEE Intelligent Transportation Systems Society had approved the proposal to name the Best Paper Award in IEEE TRANSACTIONS ON INTELLIGENT TRANSPORTATION SYSTEMS as the George N. Saridis Best Transactions Paper Award. After nearly five years of preparation and planning, and almost one year of hard and concentrated effort by the Award Committee, we are pleased to announce the 2014–2017 George N. Saridis Best Transactions Paper Award for papers published in the IEEE TRANSACTIONS ON INTELLIGENT TRANSPORTATION SYSTEMS.

The selection procedures are summarized as follows:

1) Eligibility: All papers published in the IEEE TRANSACTIONS ON INTELLIGENT TRANSPORTATION SYSTEMS during the three calendar years preceding the year of the award are eligible. The paper publication date is determined by the journal volume date (not the online publication date).

2) Evaluation: Two types of Best Papers are selected: Regular Papers and Review/Position Papers. Originality, citations, impact, and importance are considered for Regular Papers; originality, timeliness, technical content, insight, and broader impact are considered for Review/Position Papers.

3) Selection: (1) Top ten most-cited papers according to the Google Scholar, plus any paper solicited or nominated through the open call, are considered as Candidate Papers. (2) The Award Committee is responsible for organizing the review process to select 2–3 Award Finalists Papers. (3) The Award Committee votes and selects the final Best Papers.

Here is the final result for the 2014–2017 George N. Saridis Best Transactions Paper Award.

2014:

The George N. Saridis Best Transactions Paper Award for Outstanding Research

J. Lee and B. Park, "Development and evaluation of a cooperative vehicle intersection control algorithm under the connected vehicles environment," *IEEE Trans. Intell. Transp. Syst.*, vol. 13, no. 1, pp. 81–90, Mar. 2012.

The George N. Saridis Best Transactions Paper Award for Outstanding Survey

J. Zhang, F.-Y. Wang, K. Wang, W.-H. Lin, X. Xu, and C. Chen, "Data-driven intelligent transportation systems: A survey," *IEEE Trans. Intell. Transp. Syst.*, vol. 12, no. 4, pp. 1624–1639, Dec. 2011.

2015:

The George N. Saridis Best Transactions Paper Award for Outstanding Research

V. Milanes, S. E. Shladover, J. Spring, C. Nowakowski, H. Kawazoe, and M. Nakamura, "Cooperative adaptive cruise control in real traffic situations," *IEEE Trans. Intell. Transp. Syst.*, vol. 15, no. 1, pp. 296–305, Feb. 2014.

The George N. Saridis Best Transactions Paper Award for Outstanding Survey

M. Rahman, M. Chowdhury, Y. Xie, and Y. He, "Review of microscopic lane-changing models and future research opportunities," *IEEE Trans. Intell. Transp. Syst.*, vol. 14, no. 4, pp. 1942–1956, Dec. 2013.

2016:

The George N. Saridis Best Transactions Paper Award for Outstanding Research

L. Moreira-Matias, J. Gama, M. Ferreira, J. Mendes-Moreira, and L. Damas, "Predicting taxi–passenger demand using streaming data," *IEEE Trans. Intell. Transp. Syst.*, vol. 14, no. 3, pp. 1393–1402, Sep. 2013.

The George N. Saridis Best Transactions Paper Award for Outstanding Survey

V. J. Hodge, S. O'Keefe, M. Weeks, and A. Moulds, "Wireless sensor networks for condition monitoring in the railway industry: A survey," *IEEE Trans. Intell. Transp. Syst.*, vol. 16, no. 3, pp. 1088–1106, Jun. 2015.

2017:

The George N. Saridis Best Transactions Paper Award for Outstanding Research

M. di Bernardo, A. Salvi, and S. Santini, "Distributed consensus strategy for platooning of vehicles in the presence of time-varying heterogeneous communication delays," *IEEE Trans. Intell. Transp. Syst.*, vol. 16, no. 1, pp. 102–112, Feb. 2015.

The George N. Saridis Best Transactions Paper Award for Outstanding Survey

K. C. Dey *et al.*, "A review of communication, driver characteristics, and controls aspects of cooperative adaptive cruise control (CACC)," *IEEE Trans. Intell. Transp. Syst.*, vol. 17, no. 2, pp. 491–509, Feb. 2016.

Congratulations to all authors!

图 14-2 G.N.Saridis 奖，智能交通领域的最佳期刊论文奖

▽ “相关工作”写法与误区

科技论文中，需要有一节“Related Work”，即相关工作。它是迷你版的综述，

目的是帮助读者了解作者研究的问题，以及同行的研究进展情况。这一节在论文中的位置主要有两种。一种是紧跟"介绍"节，有的时候在篇幅限制的情况下，也可能直接合并在介绍节里。另一种是放在"提出的方法"一节之后。前者方便读者快速了解，后者不会干扰读者快速地了解作者的贡献。怎么放置，一看个人的喜好，二看投稿期刊或会议的约定俗成。

另外，对于刚从事科研工作的学生或非专业科学爱好者来说，"相关工作"方面有可能存在一个误区，即认为自己做了一项全新的研究成果，完全不需要讨论相关工作。这有两种可能性，一种是研究成果确实是新的。但这种情况极少，毕竟多数人都是要靠站在巨人的肩膀上才能成功的。即使存在这种情况，但其研究也可以溯源到某些相关的论文。另一种是作者看的文献太少，或没有利用合适的关键词去检索相关文献，误以为自己做的工作是前无古人的。后者的后果就是，重做实验，重写文章，因为有经验的评审会以"缺乏与现有方法的对比"或"缺失重要参考文献"的理由来拒稿。

既然有已经发表过的相关论文，那么作者就需要围绕论文中的研究内容和创新点来详细展开介绍。要写好这块的介绍，**查找、阅读和整理相关文献**必不可少。一般来说，我们可以在谷歌学术或相似的搜索引擎，通过搜索关键词来查找相关的文献，也可以根据看过的论文后面提供的参考文献，按图索骥地去查找。还可以用实验室学生们比较常用的参考文献管理软件如 Endnote 来整理已经阅读过的文献。这样处理的好处是，写论文时不需要四处乱找文献，只需要在自己分类好的文献列表里就能找到合适的文献，这种好习惯可以帮你节省不少时间。

需要注意的是，在引用参考文献时，作者尽量不要引述大家没听说过的期刊或会议上的论文，因为有可能拉低待提交论文的档次，会让评审专家觉得作者没有掌握相关领域的研究进展。

但是，要尽量引用预投稿的期刊或会议上的文章，这样能增强评审专家对论文相关性的认可，因为很多会议在评审阶段就有一项"是否与本会议相关"的选项。如果评审在这一项打低分或选否的话，有可能会增加论文被接收的难度。

完成"相关工作"的文献收集后，作者就需要按拟投稿会议或期刊的要求来阐述这一节的内容。如果论文的研究成果是通过融合两个或多个不同方向的思想而成的话，则需要将相关工作分成两个或多个部分分别阐述。每个部分都可以再按范畴来进一步细分。与上一章介绍的内容相比，这里对每组方法的优势与不足的总结要更加详细到位，文献引用的数量也应适当增加。而在逻辑上，作者仍然需要想好论文的中心思想是什么，**综述内容一定要切题，从各个侧面来突显论文的贡献**。再以步态识别为例，我们可以在文章中指出，先前的步态模板方法虽然速度快，但精度低，缺乏收敛率证明，没有唯一解等。如果本文的贡献是解决了这些问题的话，就可以在逻辑上让评审和读者相信论文中的工作是有意义的。同样，也要注意不要偷懒，不要把介绍部分出现过的文献描述直接复制过来，最好变换一下句式和表达方式，以免被评审专家认为词汇量单薄或匮乏。

▽ 综述论文的意义

除了"相关工作"需要在论文中简要综述外，还有一种情况需要更全面的综述，即论文本身就是篇综述，如我一开始提到的那篇。值得注意的是，与普通论文相比，综述论文的写法、意义存在明显的区别。

一篇技术论文，一般有两三个创新点足矣，作者往往可以从研究方向的某个局部问题着手，而**综述性论文则需要有更强的全局观**，在论文的阅读上范围要广一些，量也要多一些。因此，它需要作者在综述性内容的相关领域有足够的背景知识积累和时间沉淀。有的时候，可能需要多个单位进行交叉互补式的合作，才能完成一篇有质量的综述。

综述也很难写，因为通常综述论文的长度比技术性论文长，以 *IEEE Transactions* 系列的期刊为例，技术论文一般的长度限制是 10 页，而综述则允许写 15 ~ 20 页。要做到全局逻辑通顺、条理清晰，小同行、大同行都能看明白，是非常不容易且耗时的。有些综述性文章，如果准备让读者了解不同方法解决同一问题的优缺点，还得在相同实验环境下进行完整的方法比较，也就意味着需要投入更多的时间和成本。

不过，**对于博士生来说，写综述其实是一个很好的锻炼科研能力的机会**。虽然开始花的时间会多一些，但它对做研究却可以起到事半功倍的效果。因为写综述可以迫使自己厘清要研究的方向，掌握该方向发展的来龙去脉，形成完整的逻辑链，也就能站在更高层面上去思考如何去找创新点。**它也有助于愿意从事科研工作的博士生产生持续性的研究成果**。比如我读博士期间，写过一篇关于流形学习的一种特殊情况——一维流形或主曲线，即穿过数据分布的中间的曲线的综述[3]。在 2003 年来复旦工作后，我在此方向上还形成一系列相关的研究成果。现在回想起来，写这篇综述时打下的机器学习基础，对我后来的科研发展是大有助益的。

作为一篇好的综述文章,它应当能把该方向的各个分支、进展、前沿、不足讲清楚。最好能在文章中给出一个结构图,来归纳和细分此综述研究的方向,这样读者就能够在不看论文细节的前提下,对此综述的内容有一个大致的印象。如图 14-3 所示,它是针对高维数据回归,或现在人工智能领域更流行的说法"因果推断"问题,如何减少"因"中特征维数而不影响对"果"的推断的归纳总结图[4]。

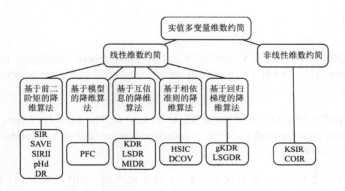

图 14-3　实值多变量维数约简算法分类,缩写均为相应的算法,详情请参考文献[4]

▽ 综述的前瞻性和引领性

另外,更重要的是,作者应该在综述论文中向读者传递一些前瞻性的思考或领悟,给有兴趣在此方向做研究的读者一些参考的路线,以及避免踩不必要的坑。如果前瞻性做得足够好,有可能 5 ~ 10 年后再回看这篇综述文章,里面提及的潜在研究方向仍然是有价值的。那么,这样的综述文章就有意义。比如,最近山东大学贲晛烨教授、清华大学刘永进教授、中国科学院心理研究所王甦菁研究员、我及其他老师一起合写的,发表在 2021 年模式识别顶级刊物 *IEEE TPAMI* 上的关于人脸微表情的综述,就有潜力对微表情领域的未来发展起到一定的指导作用[5]。

当然,我们也经常能看到记流水账似的综述。这要么是只做了简单的文献收集,要么就是没有意识到综述的价值,纯粹为了发论文而写综述。

还需要提醒的一点是,在写综述文章前,作者需要检查一下是否有同样或相似内容的综述已经在其他刊物发表了。如果有的话,要么不写,避免浪费时间;要么就仔细研究一下之前发表的综述,其侧重点在哪个方面,自己写的时候从其他侧重点来写,并在介绍部分明确澄清与之前综述的差异。

总之,相关工作的"综述"大致上反映了作者对其研究方向认识的全面程度和深度，尽管有时候评审会忽略这一节，但有些评审会从这一节中发现作者在认识上或知识储备上存在的漏洞，导致评审低估论文的实际贡献。**在写综述论文时，我建议要写就写得完整、认真一些，尤其是把前瞻性和领悟挑出来，要让读者看到作者独特的思考，而不是简单地对已有知识罗列和记流水账。**这样，才会有更多的同行愿意去仔细研读此综述文章，甚至跟着综述中的建议去做进一步的研究。

参考文献：

[1] ZHANG J, WANG F Y, WANG K, et al. Data-driven intelligent transportation systems: a survey[J]. IEEE Transactions on intelligent transportation systems, 2011, 12(4):1624-1639.

[2] WANG F Y, ESKANDARIAN A, VLACIC L, et al. The 2014-2017 George N. Saridis Best transactions paper award[J]. IEEE Transactions on intelligent transportation systems, 2020, 21(12):4920-4921.

[3] 张军平，王珏. 主曲线研究：综述[J]. 计算机学报，2003, 26(2): 137-148.

[4] 单洪明，张军平. 实值多变量维数约简：综述[J]. 自动化学报，2018, 44(22):193-215.

[5] BEN X, REN Y, ZHANG J, et al. Video-based facial micro-expression analysis: a survey of datasets, features and algorithms[J]. IEEE Transactions on pattern analysis and machine intelligence, 2021.

15 创新——从亨廷顿舞蹈病说起

> *Nature* 评出了 2019 年十大亮点文章,其中复旦大学的关于亨廷顿舞蹈病的文章作为第一篇被评选出[1]。因为跑步的原因,我碰巧熟悉文章中的通信作者之一丁澦教授。以前我只是感叹跑步追不上他,现在科研也追不上了。也因为跑步,在 2020 年 1 月底的复旦大学跑步协会(协会名称:复旦乐跑)年会晚宴中我跟第一作者、博士生王岑同学坐到一桌,于是顺便向她请教了这项成果的原理。

图 15-1 左起分别为丁澦、朱成钢、费义艳、王岑、王紫英、李朝阳、鲁伯埙[2]

▽ 寻找亨廷顿舞蹈病的药方

亨廷顿舞蹈病是一种单基因显性遗传引发的神经退行性疾病，主要是由变异亨廷顿基因表达的**突变型亨廷顿蛋白**的神经细胞毒性导致[2]。随着疾病的发展，患病者会不由自主地有类似舞蹈样的动作。病情加重后，患者将逐渐丧失说话、行动、吞咽的能力甚至精神异常，最终该疾病会导致患者死亡。如果要从基因这个源头上来根治，成本很高，且由于引起该病的变异亨廷顿蛋白生化活性未知，目前还没有好的靶向药物。所以另一个治疗此病策略就是在此"不良"基因形成的蛋白上去做文章。

复旦大学的这项研究正是以此作为切入点，希望能改良人体自身的防御机制，以形成能够把那些致病的蛋白识别出来并吞噬掉的能力，从而直接降低变异亨廷顿蛋白水平，来获得治疗效果。尽管自身的免疫系统并没有专门针对亨廷顿病的防御机制，复旦的研究发现，如果有一些小分子化合物能像"胶水"一样粘到某些有防御功能的蛋白上，就可以得到这样的能力。但是，疑似的小分子化合物有成千上万种，而且部分可能还存在毒性，盲目使用的话可能会得不偿失。如果一个一个筛查，显然耗时很长，犹如大海捞针。另外，在利用小分子药物特异性直接降低致病蛋白的同时，如何做到不影响对应的脑组织里的野生型蛋白水平也是该领域长期以来的一大难题[2]。

为克服这些困难，复旦大学生命科学学院的导师们便与复旦大学光科学与工程系的费义艳老师展开了合作。利用光学方面的前沿知识，他们从购买的几个小分子库的药物芯片中，通过免标记斜入射光反射差（Oblique-Incidence Reflectivity Difference，简称 OIRD）技术进行高通量筛选，以确定近四千种疑似的小分子化合物哪些是能与靶标蛋白结合的。再用芯片来分析化合物和蛋白的特异性结合能力，有用的便会留痕，导致该位置的分子层厚度增加。最后，再对筛选出来的不会与野生型蛋白结合，但又具有"胶水"能力的4种小分子化合物，依次或同时进行了多组实验，包括细胞层面的实验、蛋白的体外生化实验、以及用小鼠做的实验。最终，他们提出了基于自噬小体绑定化合物的药物研究原创概念，并发现了真正有效的且能形成自身防御性，即特异性降低亨廷顿致病蛋白的小分子化合物。与靶向 DNA 或 RNA 等基因治疗手段相比，该方法的优点是成本低，有可能形成像口服药片或注射液一样的药。尽管离临床治疗还有一段距离，但至少该方法让我们在治疗亨廷顿舞蹈病的路上看到了曙光。

 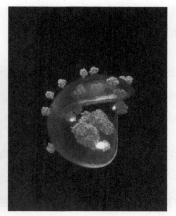

图 15-2 （左）王岑博士和鲁伯埙教授在实验中；（右）特异性降低亨廷顿致病蛋白的小分子化合物

虽然是两年前才发表在 Nature 的成果，但如果追溯这篇文章的历史，不难发现，在此之前，已经有过一系列的研究成果和经验积累。所以，他们才能大致相信，沿这条路走下去，大方向是正确的。不信的话，大家可以去搜索下通信作者之一、复旦大学生命科学学院鲁伯埙教授的主页[3]。

▽ 论文的核心：创新

重大突破的创新，大多是一步一步积累来的。所谓不积跬步，无以至千里。但对于多数学生来说，尤其是硕士研究生，可能并没有足够长的时候来积累出一项大的成果。那该不该发表创新性相对小的论文呢？

关于这个问题，要看如何定义"小"，如果是因为对问题了解不透彻形成的所谓创新，那自然是没有发表的必要。即使写成论文，可能也是在浪费时间。如果有一点儿创新，但经过与导师及师兄师姐们的讨论后，发现实际意义不大，那么可以换个角度去找新的创新点。如果觉得这个"小"还有抢救的空间，那么不如沉下心，继续凝练创新点，争取形成大的贡献。

如果这个"小"的创新，实际上已经达到了一定水准，那么导师应该利用这一契机，督促和指导学生完成论文的写作，帮助学生完成研究生期间必要的一个环节，即论文写作的训练。

事实上，学生也不必因自己的创新"小"而胆怯。如果我们认真去归纳总结就会发现，很多顶级会议论文的创新点并不多，甚至有的时候可以归结为只有一两个公式的改进。所以，鼓励学生进行论文写作，也能帮其逐渐树立科研自信，破除高档次论文"遥不可及"

的"神话"。另外，论文一旦被接收或发表，也能让学生产生成就感，从而激发其继续从事科学研究的兴趣。

那么，在论文需要突出创新的一节中，作者写的时候需要确保写出来的内容不存在逻辑上的漏洞，能与论文的介绍部分、相关工作部分形成完整的逻辑闭环，让评审专家和读者相信此创新是值得发表的。

以人工智能方向来说，主要有两类可形成创新的点，**理论、算法**。那么作者应该在这一块写清楚，如理论和算法究竟是否解决了之前提及的问题，如何解决的等。在创新的角度上，也需要把创新优势能够从哪些方面体现出来做详细解释。比如说，提出的算法在几何上是否更加直观；是否付出了某些时间或空间的代价，其代价是否值得；计算效率是否得到提高；是直接在算法层面提高了计算效率，还是通过硬件的并行计算来获得的，诸如此类。

在论文里，把这些大的问题解决后，学生还需要在论文写作细节上做精细的处理，以提升论文的质量。

▽ 符号的统一约定

如果是**偏重理论方面的创新**，那么严格意义的证明是需要的。但在这个环节上，有些细节是值得注意的。首先是**符号的约定**，滥用和重复定义符号都容易让评审或读者觉得作者不专业。在多数情况下，我们对数学符号有约定俗成的规定。比如小写 x 表示标量，斜体 x 或黑体 $\mathbf{x}$ 表示向量，大写黑体 $\mathbf{X}$ 表示矩阵，花体 $\mathcal{X}$ 常用来表示集合，P/p 均表示概率，y 表示因变量，诸如此类。这个问题也好解决，从网上或找本数学工具书了解一下符号的用法即可。另外，当文章中数学符号多的时候，容易出现重复定义符号问题，比如一个符号被既用来定义向量又用来定义集合，或既用来定义 A 问题又用来定义 B 问题。它有可能会导致评审混淆各变量间的关系。还有些学生在定义数学符号时喜欢用较长的字符串，比如用"LongString""Variable""MathSymbol"等定义一个变量。虽然这样写出来没什么问题，但容易让人觉得作者数学方面的训练或素养还需进一步提升。定义符号要遵循"不影响理解的情况下，尽可能简化"的原则，比如上面的 3 个符号可以简化成 ls、var 和 ms。

▽ 低级错误与有效证明

除此以外，也不要在**命名上犯低级错误**。比如未经过严格数学训练的学生，可能容易混淆定理、定义、推论、引理和命题等的写法，以至于什么时候该用哪一个术语，都没有十足的把握。比如，他证明不了的内容被错写成定理和推论，而把不需要证明的内容又错写成定义。这些低级错误，有可能让评审专家怀疑整篇论文的理论证明并不是正确的。

即使是证明了的内容，也需要小心并反复求证。比如在机器学习领域，曾有一段时间很流行证明提出的学习方法在预测性能方面离真实或理想的学习器的预测性能有多接近，以及两者差异的下界是多少。但在证明这个接近程度或下界时，往往需要在放缩的过程中丢弃或增加某些项。如果报道的下界比较松，或者说随便一个算法都能达到的下界，无法指导随后算法的设计，那么基于这样的下界，评审或读者就可能会觉得本工作的意义并不大。因此，作者需要再深入研究，做进一步的分析和推导，找到更有建设意义和说服力的下界。另外，如果下界过于复杂，里面项数很多，且呈现出相对简洁和直观的结论时，也可能会被评审质问其合理性，甚至导致审稿周期延长。

▽ **算法创新的表达**

上面介绍的是论文偏重理论方面的创新时需要注意的问题，那么如果论文的创新是侧重于**算法创新**，该注意哪些细节呢？

如果是偏重算法或方法创新的，可能最重要的一点是需要**学会总结**。举例来说，一些方法创新是通过启发式策略获得的。对于这种情况，有些作者喜欢用大量篇幅来描述自己的方法。但实际上，**千言不如一公式**。比如人工智能中的很多方法是可以用公式来表达的，这样能够做到一目了然。尤其对国人来说，英文写作水平有限，写了很多可能也不容易让国际同行明白，而写成公式这种国际通用的表达后，就很容易看明白，也更直观。事实上，即使是中文论文，写得不简练，也会让人读得着急，有可能让读者对提出方法的创新可信程度大打折扣。当然，如果是写科普文章，则要尽量避免使用公式，因为物理学家霍金说过，科普书里每多一个公式，就会减少一半读者。

除了公式表述，还可以增加图示。比如在人工智能最近很流行的深度学习，公式并不多，但图示深度网络模型的结构非常重要，因为它能更直观地帮助读者看出创新点在哪里。这个时候，如果能用些相对专业的画图工具，画一两张漂亮的模型图出来，也许会起到事半功倍的效果。

图 15-3 深度学习网络示例，本框架是用于同时进行人脸识别和年龄合成[4]

同时，还有一些小的注意事项。比如，千万不要把自己写的代码直接复制进论文中，这样做实际意义不大，还有负面印象。我见过很多非全日制硕士的毕业论文就是这么写的，让人感觉作者只是想把论文的页数充满。最好是凝练成**伪代码**的形式，把算法的主要结构和步骤描述清楚就行了，也方便读者复现相关代码。

另外，如果论文已经被接收，且没有考虑商用和专利保护的前提下，不妨将自己的代码分享至一些公开的代码共享平台，比如全球最大的代码共享网站 GitHub，并在论文中给出相应链接。这样既能增加评审专家和读者对论文的可信度，也可以提高论文的引用率。实际上，现在有些期刊或会议已经明确要求，接收的论文需要提供论文的代码。

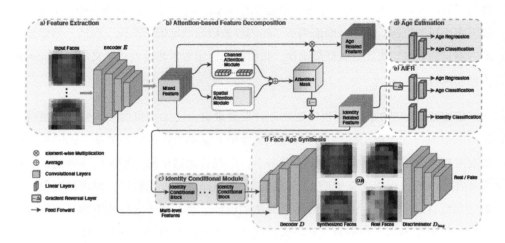

图 15-4 人群计数算法的伪代码示例[5]。表中内容主要包括：（1）算法的任务；（2）输入参数设置；（3）核心迭代训练步骤；（4）输出结果

除此以外，即使是算法方面的创新，如果能补充一些理论性的证明来形成支持的话，往往更容易得到评审或读者的认可。记得 2010 年左右，我写了一篇关于自适应 K 段主曲线的文章，主要想法是把穿过非线性数据集中间的曲线，或主曲线，让其根据数据的特点进行自适应分段优化。最初的投稿版本里，只讨论了算法本身。因为算法带一点儿启发式的性质，所以有评审问，是否能从理论上验证。看起来要求很苛刻，但是，我和学生王晓丹想了一段时间后，最后

他从一个与统计相关的网站上发现了线索，并依葫芦画瓢式地给出了理论证明。最终，该成果得到了评审的认可，全文发表在 IEEE TNN（*IEEE Transaction on Neural Networks*，《IEEE 神经网络》）期刊上[6]。

需要注意的是，如果自己的理论水平并没有达到一定的程度，千万不要过分自信，强行去做一些"高大上"的证明，尤其是投顶级刊物或会议的文章。因为你可能碰到的都是比你基础好很多的学者，他们一眼就能看出你的问题所在，并可能放大此问题的不足，并以此作为拒稿的理由。

▽ 论文投稿的次序

最后要讲一句，只要论文有创新，总是能找到地方发表的。被拒稿是正常的，尤其对新手而言，不要因此而灰心。被顶级会议或期刊拒稿就更自然不过了，毕竟能被接收的论文数量是一定的，更何况是顶级会议或期刊。敢于投稿已经说明工作有一定的意义，而且这些会议或期刊的评审往往会给出全面翔实的建议或评论，这些建议就已经非常有价值了。所以，按意见好好修改，继续转投其他期刊或会议，接收的概率自然就增加了。即使没有被接收，修改论文的过程也能全方位地锻炼研究生，在潜移默化中提升其科研能力。

在论文中，除了完成创新部分有效且准确的表述外，还需要有实验的结果来进一步形成对创新的支持。那么，如何写实验部分呢？下篇分解！

致谢：本文关于特异性降低亨廷顿致病蛋白的小分子化合物的研究过程的介绍，由丁澦教授和王岑博士提供了图片，并就专业性知识进行了指正，特在此表示感谢！

参考文献：

[1] LI Z，WANG C，WANG Z，et al. Allele-selective lowering of mutant HTT protein by HTT–LC3 linker compounds[J]. Nature, 2019(575): 203–209.

[2] 王岑. Nature 重磅|ATTEC 技术：复旦大学鲁伯埙团队打造神经领域药物研发新概念 [EB/OL].[2019-10-31].

[3] 鲁伯埙个人主页 http://www.escience.cn/people/BoxunLu/index.html

[4] HUANG Z，ZHANG J，SHAN H. When age-Invariant face recognition meets face age synthesis: a multi-task learning framework[C]. IEEE Conference on computer vision and pattern recognition, 2021.

[5] TIAN Y, LEI Y, ZHANG J, et al. PaDNet: Pan-density crowd counting[J]. IEEE Transactions on image processing, 2019, 29(11):2714-2727.

[6] ZHANG J, WANG X, KRUGER U, et al. Principal curve algorithms for partitioning high-dimensional data spaces[J]. IEEE Transactions on Neural Networks, 2011, 22(3): 367-380.

16 完备的实验

"你前面吹的牛,都要在这里一一实现。"—— 鲁迅没说过!

实践是检验真理的唯一标准,而对于科学研究来说,如果不是纯理论性的工作,实验就是检验理论与方法是否正确的唯一准绳。它不仅能帮助我们验证方法的性能,找出方法的不足,还能发现有意义的现象和潜在的改进方向。而对于论文撰写来说,它也是帮助封闭论文整体逻辑的关键一节。

▽ 实验有无?

没有实验的文章有三类。第一类是纯理论性的文章,比如纯数学研究的,其成果只需要通过严格的数学证明即可被认可。还比如人工智能领域中,基于统计理论的文章,目的就是为了证明学习模型与理想模型之间的距离或界的。第二类是综述或科普性质的文章。论文要么是综述某个方向的历史和前沿进展,要么是科普某个概念和知识点。在这些文章里,实验并不是必需的。

第三类则是明明需要有实验来支撑,却没介绍实验结果的文章。比如,在本应有实验的章节,只是简单地放些算法实现的操作界面。这种情况,在学生的毕业论文中常见。可能的原因是学生在研究生期间,并没有经过完整专业的论文写作训练,不懂其中的规范。抑或是花了大把的时间去准备求职面试或实习了,几乎没有花时间去思考或尝试论文的写作。快到毕业了,才临时抱佛脚般地写毕业论文。此时就需要指导老师严格把关，等学生对论文做了大的修改才能通过，否则写出来的论文就可能会贻笑大方了。

而多数工作往往是理论和实验兼有。评审在审论文时，会顾及两者工作量的平衡。通常情况下，如果理论方面的创新比较大，评审对实验部分的要求就不会太苛刻。即使文章只有一两个仿真实验，评审也不太会因为实验少而拒稿。而如果理论方面创新小的话，则作者需要用更完整的实验来验证这个创新是值得推敲和发表的。那么，在论文的实验部分，哪些是需要交代清楚的，哪些指标能作为评判标准，哪些又需要仔细分析呢？

▽ 数据集选择与细节交代

科学研究和实验的目的是要保证可重复性，因此各个细节都需要尽量说明清楚。

第一是数据的交代。作者需要明确实验用的数据或数据集的细节，如数据采集方式、采集时间、采集设备、数据量的大小和使用的特征数量。另外，实验用的数据集是否为公用的，也影响评审对论文贡献的评估。如在论文中，作者只是在自己构建的数据集上进行了方法的评估，就容易让评审和读者觉得此方法不具有可重复性和可信度。所以，最好能补充一个以上公用数据集的评测结果，以增加论文的可信度。

除此以外，数据集的选择也很重要。比如在人脸识别中，在现阶段应该尽可能选用大规模的数据集来进行评估。比如LFW（Labeled Faces in the Wild）人脸识别数据集[1]。它是在无约束自然场景下采集的，包含来自5749个人的13233张人脸图像。也可以选用其后期扩展的更大规模人脸识别数据集。但不要考虑那些规模小、过时的数据集，如曾经很流行的ORL（Olivetti Research Laboratory）人脸识别数据集（仅40个人，每个人10张人脸照片）。否则，评审从数据集的使用上就会断定作者不够与时俱进，方法必然也存在重大问题，因此会快速拒稿。

第二是方法的比较说明。各种拟比较的方法参数设置情况、软硬件平台是否相同、方法是否为最新的、是否是目前已知文献的最佳性能，都应该交代清楚。如果要在统一环境进行比较，需要利用原文的代码来重新实现。为了提高引用率，多数作者会分享代码，如在代码共享网站GitHub分享相关的代码。如果找不到代码，建议要么直接写信给作者去索取，要么自己按原文的伪代码来重写。

▽ 评判标准

各行各业都有各自的一套标准评判方法的有效性和效率。撰写实验报告时，需要根据自己研究方向的实际情况，以及选择广泛的评判标准来分析实验结果。尽量不要漏掉需要用到的评价准则，避免被评审要求对实验进行整改而延长论文的审稿周期，浪费不必要的时间。

本文不准备枚举所有可能的标准，只介绍几个相对比较常用的标准及可能存在的误区。

▽ **预测性能**

预测性能是多数方法需要注意的指标，常通过模型预测值与真实值之间的差异来衡量，一般越小越好。当预测值是连续值时，可以采用均方误差（Mean-Square Error，简称MSE）或平均绝对误差（Mean-Absolute Error，简称MAE）的形式。当预测值是离散值时，如识别人脸正确与否时，则可以用识别率（Recognition Rate）、精度（Precision）和召回率（Recall）来衡量。

其中，均方误差是全体样本预测偏离各自真实值差值的平方和的平均数，也就是误差平方和的平均数，而均方误差的开方是均方根误差。而平均绝对误差则是通过绝对值的差异来估计。精度反映了识别目标时，全部识别出来的目标中真正被正确识别出来的程度。召回率则反映了全体需要检测的正确样本中，被模型有效识别出的。识别率可以视为精度的代名词。

为了检验提出方法的稳定性，往往需要进行多次重复实验。重复的策略一般是通过重新组合数据、重新训练模型等方式来完成。然后，再平均全体实验的预测结果，获得预测结果的**均值**和围绕均值浮动的**方差**或**标准偏差**。介绍了均值和方差这两个指标后，大家就能够从统计意义上，更客观地了解模型或方法的预测精度和稳定性。

▽ **假阴性，假阳性**

除了预测性能准确外，有时候还需要分析模型有多少把负例错判成正例（假阳性）、正例错判成负例（假阴性）的情况，因为这两种错判在不同应用下，导致的后果或代价是不同的。需要注意的是，视频监控应用偏好假阳性低的，否则，误报的交通违章、犯罪案件就会过多，导致没有意义的频繁出警，以致交通或公安部门会弃用这种监控应用。这就是假阳性过高带来的不利影响。

为更好说明假阳性和假阴性的问题，这里再给出一个更直观的例子。比如一位男性去看医生，医生说他怀孕了，这就是假阳性。而一位孕妇去看医生，医生说她没怀孕，这就是假阴性。

在综合考虑预测准确性和假阳性的情况下，还可以分析模型或方法从完全不允许假阳性到完全允许假阳性时，预测准确率的变化情况。理想情况下，在完全没有假阳性时，预测达到100%，此时的预测准确率变化就是从1开始的一条直线，如图16-1所示。

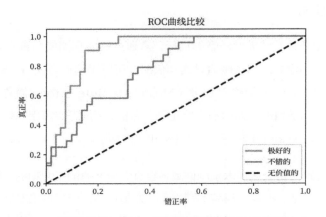

图16-1　真正率或真阳性（纵坐标）与错正率或假阳性曲线（横坐标）示意图，三条曲线中，浅色的性能最好

但多数情况，是远离面积为1的理想情况下的某条曲线（常称为 ROC 曲线，即 Receiver operating characteristic curve，接收者操作特征曲线）。通过计算 ROC 曲线下覆盖的面积（常称为 AUC，即 Area under the ROC curve），我们就能比较不同预测方法在真阳性与假阳性之间平衡的统计性能。其结果，显然是数值越接近1越好。除此以外，在预测性能指标上还有很多变种的标准，这里就不再赘述。

▽ 显著性检验

当不同方法性能相近时，比如 A 方法预测性能 98.20%，B 是 98.15%。在差异比较小的情况下，评审专家有时会要求做显著性检验，以便确信这样的改进是显著的，比如 p- 值检验就是常用的显著性检测方法。但是，p- 值检验依赖于先验信息，一直以来不被与贝叶斯学派对立的频率学派团体所认可[2]。比如，增加实验次数就会导致显著性检验发生变化，频率学派就不太认可此方法。极端情况，如某种新药，在前几次的测试中一直证明不了药物是显著有效的，但经过相同设置的多次临床试验后，就通过显著性检验了。如果碰到负责新药评价的是频率学派的，那这个新药的上市路就有可能遥遥无期。这一争论自贝叶斯学派建立至今，已经持续了250年左右，孰是孰非，要靠自己来判断。

▽ 代价

代价。做决定是要付出代价的。时间换空间，空间换时间。一部分时间的牺牲换取另一部分空间的获得。天下没有白白掉下来的馅饼。所以，另一个大家需要了解的指标是**代价**。

以人工智能中针对预测相关的应用如人脸识别提出的方法为例。当提出的方法在预测性能上提高了，那么就需要分析和介绍其代价情况。如果是通过过于复杂、收敛极慢的优化技术获得的提升，也许这种代价就过高了，不一定能布置到实时性要求高的应用中去。如果是通过依赖硬件的并行技术来获得提高的，比如采用了GPU（Graphical Processing Unit，图形处理单元，俗称显卡，是人工智能现阶段特别依赖的硬件设备）加速计算并同时提高了性能，那么只要价格上承受得起，大家就不会觉得有问题，毕竟有些应用是不需要考虑费用的。还有一种是通过大量增加人脸数据量来实现提升的。如果数据量可以通过便宜的人工智能标定，或者通过仿真的方式来获得，那么这种代价也是值得的。后两者在现阶段的人工智能研究中屡见不鲜，对深度学习的性能提升起了重要作用。

当然，也有反过来寻找代价的。即原本研究的目标和创新点就是，显著提升计算的速度或降低算法收敛的次数。那么，读者也很想知道，它是否在预测性能或相关指标上付出了代价，以及这种代价是否值得付出。

不管是哪种代价，在实验部分，作者都应该尝试说明提出方法的计算复杂度或实验上表现出的运算时间，以帮助读者直观了解新方法的实际表现。

▽ 参数的影响

参数的影响。在多数情况下，创新是在已知方法的基础上进行改进形成的。有的时候是A.1、A.2、A.3，有的时候是C=AB，有的时候是$A+\lambda_1 B+\lambda_2 C$。在复合模块引入较多时，评审和读者往往希望了解到底哪个模块在性能提升上起到了关键性的作用。作者也应该在论文中进行详细分析，指出到底是单个模块的作用，还是复合模块获得的效果提升。如果可能，最好解释下这一性能提升的内在原理。

另外，参数影响的实验摆放位置也需要注意。我的经验是，不妨先介绍方法能获得的最佳性能，以及与其他方法的比较。这样能让评审对提出的方法有好的第一印象，知道该方法具有能与其他方法媲美甚至超越的性能。然后，再在实验的稍后部分，逐层次地进行参数影响的分析，如执行深度学习流行的消融实验（Ablation Study），这样就可以通过分解模块看具体哪个模块对最终的性能提升，起到了关键作用。

▽ 主观评价标准

主观评价标准。除了定量评估的方法外，在很多研究中，定性的评判也是必需的。如图像放缩（Image Resizing）的应用中，其目标是要求图像放缩后，重要目标的大小、形状等不应出现失真，如图16-2所示。而将小图像放大成清晰的大图像的图像超分辨率研究，要分析放大后的图片在哪些位置比之前马赛克的图片更清楚。但在研究这两个问题上不同方法的优劣，都依赖于人的主观定性评价。

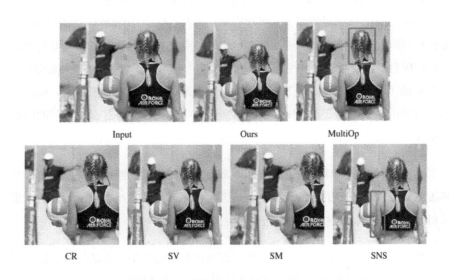

图 16-2 图像放缩的方法比较。左上角：原图；其他为不同方法放缩的效果[3]

比较普遍的主观评价办法是做用户调查（User Study）。但是，要注意的是，这一调查在选择用户的时候和让用户评价的时候，应最大化其客观性。否则，找几个实验室的同学随便标一标，如何能保证用户调查结果是可信的呢？其次，参与调查的用户数量也不能少，否则不具备统计意义。

要达到这些要求，最合理的做法是进行双盲研究。比如测试新药的有效性，就需要用双盲研究来评估。通常是将病人先随机分成若干组，一组不给药，只给安慰剂；另外几组则服用不同剂量的药物。在临床试验过程中，受试者和参与试验的医生都不清楚服用的究竟是安慰剂还是正在测试的药物。按网上公开的报告来看，两周后，再进行数据收集汇总分析，以确定药物是否有效，以及如果药物有效的话，剂量是多大。如果测试组与对照组相比，相关指标明显变化或者症状明显缓解，那就从临床试验上证明了此药的有效性。

与之类似，在计算机视觉的图像放缩研究中，目标是保证任意放缩时图像或视频里的重要目标，如主持人身材保持其原有形态，不变胖或变瘦。当存在不同方法获得的图像缩放结果时，就需要引入主观评价的客观分析。我们研究这一问题时，采用的做法大致是，随机从不同算法获得的放缩图结果中抽取一定数量的图像对（见图16-2）。在不告知测试者哪张图是哪个算法生成的前提下，让他们评判好坏。这么做的一个难点在于，当要两两比较的算法较多时，一个用户根本不可能对全部图像放缩实验结果进行比较。举例来说，如果只有100张图，8个算法，那么一个用户需要做28×100=2800次图像比对。这显然是不现实的，超出了绝大多数用户的愿意坚持做调查的时间。所以，当时采用了一个折中的做法，即随机给用户10张图，随机选4种算法比对，这样一个用户只需要做60张图的比对。累积多个用户测试的结果，就获得了统计后的结果。这可以说是在主观评价与客观量化之间形成的较好平衡。

这一过程的实现，可以通过网上（有偿）匿名填问卷的形式完成，比如利用Amazon Mechanical Turk 平台，也可以自己建个在线网站链接来实现。通过这种方法来分析，就能**让主观评价的指标尽可能客观化**。

▽ 洞察

实验的目的不仅是要验证算法的优越性，也需要作者能从实验结果中分析出一些有意义、有价值的知识。一方面，这些知识能帮助论文形成逻辑上的自洽。比如在论文介绍部分提及过的其他方法的不足，以及本论文提出的方法创新点，是否都通过实验充分反映了。如果没有，那么需要回到之前的章节，重新调整论文的论调，去除可能夸大宣传自己方法的内容，保持逻辑上无漏洞。这样的调整不是一次就可以完成的，往往需要多次循环迭代。这也正是我一再强调研究生期间要学会写论文的原因之一，因为它能帮助研究生提高逻辑思维能力。

另一方面，从这些知识中，也可能挖掘出新线索、发现新的问题或不足。新的线索可以为自己或感兴趣的读者提供潜在的研究方向。而存在的问题，如果能够合情合理地解释清楚，并不是坏事，反而能增加评审和读者对论文的信任。需要注意的是，在实验部分，如果只讲好的实验结果，对不足完全避开不谈的话，有时也会让评审对方法的有效性产生怀疑。因为对于大多数应用性研究来说，终结者的算法并不存在，总会有一些问题存在。只要对问题分析得合情合理，作者不必担心评审会以此拒稿。当然，也不要过分贬低自己的研究成果，那无助于论文的接收。

总之，实验的目的是要把评审和读者想知道的、置疑的部分都尽可能完整呈现。如果可以发现一些有新意义的解释和分析，那就是锦上添花。另外，也要注意，对实验的表述要尽可能客观，即使是主观评价的实验也应想办法客观化。

如果实验做到充分、可信，逻辑上能自洽且能与前文一致，那么就把论文最重要的部分完成了，剩下的就是结论的撰写与参考文献的整理了。这两块还有哪些需要注意的呢？下篇分解！

参考文献：

[1] HUANG G B, RAMESH M, BERG T, et al. Labeled faces in the wild: A database for studying face recognition in unconstrained environments[R]. University of Massachusetts, Amherst, Technical Report 07-49, October, 2007.

[2] EFRON B. Bayes' Theorem in the 21st Century[J]. Science, 2013, 340(7): 1177-1178.

[3] LUO S, ZHANG J, ZHANG Q, YUAN X. Multi-operator image retargeting with automatic integration of direct and indirect seam carving[J]. Image and vision computing, 2012(30): 655-667.

17 虎头蛇尾、画蛇添足的结论

实验部分写完，剩下要写的是结论、附录和参考文献。此时，特别需要避免虎头蛇尾和画蛇添足。同时，也得审视下论文的写作技巧，纠正可能出现的各种低级错误，以避免因为这些问题而导致评审和读者对论文实际贡献的低估。

▽ 虎头蛇尾

结论部分，主要是对全文的总结。不过，也有些论文会把总结与可放在实验部分的讨论合并在一起，形成"讨论与总结"一节。

在撰写结论部分时，要**避免虎头蛇尾**。比如前面的牛吹出来了，到结尾部分发现压根没兑现，或者兑现的只是其中一小部分，这就很不合适。结尾同样需要形成逻辑闭环。

要做到这些，首先要确保结论与摘要、介绍中的内容相呼应，在结论部分要再次明确论文的贡献、亮点或优势，解决了哪些重要问题，以便把整篇论文的逻辑封闭好。俗话说得好，"重要的事说三遍"。在论文中不妨也这么处理，免得评审忘记论文的重要创新是什么。同时，也应该提供一些建设性的思考，包括：（1）提出的方法在哪些地方有潜在应用。以研究人脸面部微表情的应用为例，论文可以强调该研究能用于评估人类的真实情绪，在银行信用评估方面有潜在应用。（2）下一步可在此基础上开展的研究方向有哪些。比如微表情的检测和识别的实时化，或者更高精度的检测和技术等。语言组织方面也要格外小心，不要出现明显的拼写和语法错误。（3）为防止评审追问问题，可主动提出论文中的不足之处。比如自己的方法可能存在的小局限。此时，可以将其明示，并指出将在未来工作中展开研究。

▽ 画蛇添足

另外，还得慎言，谨防**画蛇添足**。一种添足是，在结论里，有意无意地夸大了自己成果的性能和可扩展性。有些好奇心重的评审说不定心存怀疑，然后希望看到你在这类吹牛上是否进行了验证。比如在实验部分已经完成了多个数据集的分析，在结论中提及未来将在某个本文未出现过的公用数据集上进行进一步的分析。但如果该数据集是被广泛使用的，很有可能评审会要求你补充相关实验。另一种添足是，过于诚实地暴露自己方法的不足，比如坦诚自己的成果在现阶段还存在某些无法解决的问题。如果碰上并不太懂行，但又爱问问题且希望看到解决方案的评审，有可能会在论文修改阶段引起大的麻烦，导致审稿周期延长甚至无法解决问题，只能转投其他期刊或会议。

所以，在结论里陈述自己的成果时，存在一个平衡，既不能过分吹嘘、无中生有，又不能过于低调。这需要导师和学生一起来把控这个度。需要注意的是，因为有些评审在审稿时偏好先看结论，如果结论写得很烂，论文前面写得再好，可能也很难改变评审的第一印象了。

▽ 附录与补充材料

在结论以后，有些论文还会有附录。出现附录的原因，一是需要补充一些信息，以帮助评审和读者更完整地了解论文的成果。并且这类信息即使缺失，也不会影响对论文的理解。如某个定理的详细证明。没有论文撰写经验的作者，喜欢将证明细节直接跟在定理后面，以为这样可以让读者读起来更顺畅一些。但实际上，当推导证明部分过长时，会干扰阅读，妨碍读者快速了解论文的实际贡献。此时，不妨将推导的细节挪至附录中。另外，如果存在补充实验时，也可以放在附录部分。

而在页面篇幅有限制时，附录的部分内容或全部内容还可以放在补充材料中，并在正文中给出相应的链接后，一并提交。但不要因为只是补充材料，就写得相对马虎，因为补充材料也是需要进行评审的。有些评审会将正文和补充材料一起看，也会对补充材料中的内容是否放回正文以及补充材料中存在的问题，提出一些有价值的建议。

需要提醒的是，不是所有期刊或会议都接受补充材料，也不是所有评审和读者都会愿意去看正文以外的补充材料。在此情况下，学会控制版面、浓缩精华至正文中就很重要。

▽ 最方便挑刺的参考文献

在参考文献这部分，对论文的完美追求往往容易被很多学生忽视，以为前面都写好了，这里只要把需要引用的文献列上即可。殊不知，有些评审比如我就喜欢先看看参考文献，看看作者的科研修养。如果这块出现了很多低级失误的话，可能评审对论文的印象就不太好了，会对论文的严谨性、可信度大打折扣。那么，参考文献中常出现的问题有哪些呢？

1. 作者姓名的一致性问题

以英文论文为例，作者的姓名可能有"Zhang Junping""Junping Zhang""J Zhang""Zhang J.""Zhang J.-P.""Jun-Ping Zhang"等写法，有些人名还会有中间名。不管是采用哪种写法，都有三点要注意。一是参考文献中，不仅在每篇引用的论文的各作者姓名写法上要保持一致，在所有引用论文的姓名格式上也应该保持整体一致。二是作者缩写时，不要错把姓缩写了（比如写成"Junping Z"）这样的低级错误。如果对于某个外国人的姓和名不太确定的话，建议先从网上了解一下再写，比如找作者的个人主页或看看其他人是如何写的。三是在引用参与作者较多的论文时，尽量不要用"等等"或"et al."来表示，因为没有哪位作者愿意变成"等等"的那位。除非作者人数确实太多，比如超过 10 位，否则建议把作者写全，不过也一定注意要按照预投稿的期刊或会议的要求来写。说起来很简单，但这个姓名的写法问题却经常能在各种类型、档次的论文上看到。它容易让评审误以为作者平时在处理科研细节问题时也比较粗心。

2. 论文约定名字的大写问题

引用论文的题目也存在类似的不一致问题。首字母大小写，有些期刊或会议会约定仅第一个单词的首字母要大写，有些则是标题的每个首字母都要大写，有些则是全部字母大写。只要遵守规定，保持一致即可。还有些名词是约定俗成的，如高斯函数的英文"Gaussian function"的首字母"G"是必须大写的，因为高斯是人名。类似的还有贝叶斯的英文"Bayesian"。另外，论文标题中，有些单词本身是缩写，比如深度学习里流行的生成对抗网的缩写是 GAN（Generative Adversarial Network），不管其出现在论文的哪个位置，三个字母均应该大写或至少首字母大写。

在参考文献里如果写成小写了，这也需要纠正。有的时候，这种小写是编辑软件自动处理造成的。比如在用排版软件 LaTex 写的论文中，如果学生没有用花括号将其在参考文献的 BIB 文件里括起来时，如 "｛GAN｝"。那么，即使写了 GAN，在编译后仍然会变成小写字母。这些都要注意。

3. 卷、号、页码问题

发表的期刊论文通常有卷（volume）和号（number），引用时的格式也有多种，如 vol. 10, no. 1；10（1）。也有些期刊将号写成 issue 的形式，还有些期刊只有卷没有号，比如《中国科学 – 信息科学》英文版。在引用参考文献时，这些同样需要做到统一。这需要作者仔细检查，确保不遗漏。我记得我在攻读硕士前，曾在某不知名的会议上发表过论文，因为那时没受过专业的训练，引用的论文，不仅卷号没写，期刊名似乎也漏掉了。

除此以外，引用论文的页数也要注意。比如网上提供的论文信息只有一页，最好认真检查下，看看该论文是否真的只写了一页，多数情况下这种可能性不大，需要在网上查一下。或者某会议论文的页数起始是 1～8，这就要心存怀疑，因会议文章数量很多时，能成为第 1～8 页的概率很低。写成这样的原因，很有可能是此会议出版方式已经完全电子化，并没有出版纸质版的论文集，结果所有该会议的论文的公开引用格式，都变到 1～8 页。对此情况，可能需要找到原始论文的正确页数。

还有一种情况也需要处理，就是引用的文章仅有网络发表链接和 arXiv 线上发表的。如果超过一年了，在引用时最好在网上搜索下，看看作者是否有更新的正式录用版本。如果有，则应该使用最新的。

4. 期刊、会议、书的引用格式问题

在撰写论文时，期刊、会议、书的格式也需要仔细核对，规范写法。

虽然只要把期刊名、会议名写出来就行了，要求也不高，可还是有不少人写错。最大的问题在于，学生们特别喜欢相信"网络上搜索到的写法"就是对的。因为专业背景的原因，我见得最多的一个错误写法是关于 IEEE 期刊的。如 "*IEEE Transactions on xxx*"（xxx 是具体方向名），被错写成 "*xxx, IEEE Transactions on*"。究其原因，是因为谷歌搜索到的文献 BIB 格式就是按后者这样错误给出的。而学生会以为是对的，不加思考地就复制粘贴至自己的参考文献里。结果，编译出来自然是错的。

类似地，会议的命名，在某些搜索引擎上给出的格式也并不见得都是对的。还有一种是书的引用，在出版社这一块也需要仔细检查。因为它有直营社和连锁社，比如Springer出版社，除了总部柏林和海德堡外，在很多地方如纽约、伦敦、巴黎等都有分社。所以引用时，单写Springer还不够，需要把具体的连锁出版社名写出来。

5. **引用问题**

从引用论文上，有时也能看出一篇论文的研究水平和评估其创新性。第一，在多数情况下，参考文献中应该有近三年的论文引用。另外，实验部分的比较算法，也要有来自近期发表的论文，且应该是高水平的论文。这样的实验设计，才能证明论文的工作是新颖且确实有效的。第二，参考文献也应该包含该领域有代表性的成果。因为如果是熟悉此领域的同行审稿，当发现待评审的论文里，连大家都熟悉的经典工作或代表作都未提及，可能就不想继续指出你的论文的其他问题，直接就拒稿了。第三，之前也讲过，引用的文献不是用来凑数的。所以，不要把一些低水平的文章，或者行业内人士没听说过的期刊或会议，甚至某些报刊上的文章列入参考文献中。这个问题，在某些非全日制学生的毕业论文中似乎要见得要多一些。究其原因，还是缺乏科技论文的写作经验或严格的科研训练。

总的来说，撰写论文是训练研究生形成完美主义情操的必经环节。不管学生最终是否发表了论文，都要让学生用写论文来练手，通过对学生论文写作的指导，导师可以逐渐将对细节的完美追求变成学生下意识的工作或学习习惯，成为学生未来科研或工作时的一把利器。

18 完美主义的排版

▽ 排版与第一印象

撰写完论文,在正式发表之前,需要对论文排版。在写书或投稿报刊时,如果相应的出版方未提供专门的写作模板的话,那么,排版的任务最终由出版方来完成。

但是,对于科技论文来说,这项工作常需要作者自行解决。编辑只会在论文接收后,做适当的修改。

所以,如果排版做得不好,投稿后会直接影响评审专家对论文质量的第一印象,让评审觉得作者在论文写作方面缺乏严谨训练,进而可能影响对论文实质贡献和可信度的评价。为什么会如此呢?这有可能跟人类的进化有关。原始社会,人类的天敌很多,要想保全自己的生命,最有效的办法就是能快速识别天敌的轮廓,比如老虎、狮子。如果先看天敌的细节,如先看老虎的纹理是啥样的,估计早已命不保矣。依赖这个**大范围快速识别**的能力,评审专家也能快速了解论文的水平。换句话说,就是先不看细节,直接把论文缩小到只有框架结构的样子,通过看论文的排版,也能判断出论文大致的水平。

那么，要避免在排版上吃亏，就要尽可能让排版更专业。这里我从排版软件、论文结构、图和表的处理、公式写法、参考文献排版和论文精细化调整 7 个方面来分析。

▽ 常用排版软件

排版软件有很多，但对大多数人来说，尤其是文科专业的，用得最多的软件是 Word，其次是国产的 WPS。

作为理工男的我，Word 用得相对较少。而 WPS，我在读硕士的时候用来写过毕业论文，后来用得也比较少了，不过最近因为写书的原因，又用得多了起来。感觉 WPS 与 Word 的功能区别不大。但其可以同一界面看文件、PPT 和电子表格，比早些年的版本方便不少。

然而，如果准备向国际期刊或会议投稿，这两个软件则用得比较少。原因在于，我们写的科技论文中公式要多一些，对排版也有比较高的要求。用 Word 写的话，一方面很容易出现忽大忽小的公式，尤其在段落中插入数学符号的时候，很难得到好的对齐样式。另一方面，它也不能很好地满足理工科专业，可以按自己意愿调整论文版面上的需求。

幸运的是，20 世纪 80 年代初美国计算机学家 Leslie Lamport 开发了一种基于 TeX 的排版系统，LaTeX。它能让我们在不具备过多排版知识的前提下，快速地学会，并形成漂亮且"专业"的傻瓜式排版。

图 18-1　三种排版软件：Word，WPS 和 LaTeX

该软件几乎已经成为理工科论文写作的必备神器。现在不少国际期刊或会议甚至提供了 LaTeX 排版的源文件。我们只需要将自己的论文内容写进源文件，再做些许调整即可达到期刊或会议的基本要求。这样一来，就大大降低了在投稿时，因为版面不符合期刊或会议格式要求而被拒稿的风险。

当然，转用 LaTex 也不是没有代价。比如国内很多出版社对这种排版软件的使用还不是太熟悉。结果，有可能你用 LaTeX 写的书，最终的排版也要靠自己来完成，这无形中会推迟书籍的出版时间。

有了好的排版软件，意味着版面整体上能够达标，但仍存在大量的排版细节需要注意。

▽ 论文结构与字体规范

第一，论文整体结构的布局有基本的规范，比如 IEEE（Institute of Electrical and Electronics Engineering，美国电气与电子工程师协会）旗下的期刊，正式出版的论文一般是双列的，Elsevier（爱思唯尔）出版社的论文则是单列的，它们对字体、行间距、小节、图表的要求各不相同。再比如 Elsevier 的某些期刊要求投稿论文要把所有的图都放在论文的最后，这些规范都需要遵守。另外，如果论文提交系统允许的话，提交审稿论文的时候可以考虑同时给一个 1.5 倍行距的版本，方便评审阅读，也能留个好印象。

第二，在每一章、节、小节的单词大小写的写法都需要注意，与出版方的要求保持一致。比如每节的标题首字母均大写，而小节的标题则只需第一个单词的首字母大写。

第三，尽量保持各节内容的量是均衡的，不要某一节特别长，而另一节又特别短。比如只有一段内容的节，就不妨合并到其他节。而一节里如果只有一个小节如 1.1 的话，也可以考虑去掉小节的标题，因为 1.1 意味着至少应该还有 1.2。

▽ 图的画法和排版

图是论文中值得重点关注的部分。因为它是最容易帮评审判断作者是否经过专业科研训练的，毕竟一图胜过千言万语。而且，人是视觉动物，图像在认知上必然是优先级最高的。那么图片和图像的画法、放置有哪些容易被忽略的问题呢？

首先，不要留白太多。我们总希望不要浪费页面，能尽可能地表达与成果相关的内容。如果一张内容比较丰富的图放在文章中，如图 18-1 似的左右两边空了很多，那说明作者对版面空间的利用能力不足。类似情况还有不少。比如，如果图上的内容比较多，那么应该尽可能放在页面的最上方，保证图上的细节尽可能呈现清楚。如果图上的内容较少，且版面有限，我们可以将其置于双列排版的一列上，这样可以节省不少版面。如果是多图，在版面受限时，可以将每张图的介绍如（a）、（b）、（c）、 (d)省略,采用"从左到右分别是:(a)…(d)"的方式直接写到图的标题里。另外,在 LaTex 中,当原始图片上下左右的空白留得较多时,也考虑在放图时用 LaTex 自带的指令"trim=0 0 0 0"裁剪下。

其次,颜色的配置。在画模型结构图或示意图时,应该在颜色配置上尽量美观一点儿,不要用一些奇怪的颜色搭配。也不太建议采用一些打印机打出来不明显的颜色,比如绿色和黄色,因为有些评审偏好打印出来看论文。

最后,如果是数据相关的显示图,也应该注意一些小的细节。比如横轴和纵轴上的刻度值等字符的字体不宜过小。但很多制图软件如 Matlab,直接输出的图中字体一般偏小,排版出来会看不清,需要手动放大 2~4 倍。另外,绘制实验方法比较图时,如果代表不同方法的曲线数量较多,可以考虑变化线型(如——、-·-·、- - -)和增加标记点(如 *、+、五角星、菱形等)来辅助区分,如图 18-2 所示。有的时候,我们需要对图的局部进行放大,以便观察和分析。这种放大图一般会并行放在完整图的旁边。但如果版面有页数限制时,也可以用一些制图软件将两张图合并在一起,比如直接在 PowerPoint 软件上合并。

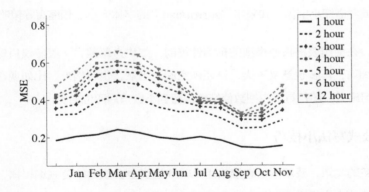

图 18-2　曲线图示例[1]。图中采用了不同的线型加标记点来表示不同的模型性能。

▽ 表格技巧

除了图,表格也是比较容易出现问题的地方。

一是要避免重复性,防止浪费页面。比如图、表之间忌重复内容,即图和表描述的本是同一件事情,但作者担心描述不清楚,就既提供了表格,又画了图,实际上二者选一即可。另外,表格与表格之间忌重复。例如,两个表分别是相同比较算法在 A 和 B 数据集上的不同表现。如果表头展示的栏目内容相同,那么就可以把两张表合并。

每张表格在排版时会自动与正文在上下间距留空，合并成一张后通常能省个四五行。在版面受限时，这招特别管用。

		AATC-LSTM	TC-LSTM	TC-TCN	TENLAR	ENLAR	LASSO	XGBOOST	LIGHTGBM	MLR	RR	RF	MLP	NN	ANFIS
Spring	RMSE	1.44±0.06	1.60±0.07	1.84±0.07	1.88±0.11	2.75±0.14	2.37±0.13	3.96±0.23	2.84±0.14	3.46±0.19	3.40±0.20	3.51±0.21	3.62±0.21	2.53±0.14	4.69±0.37
	MAPE	2.78	3.29	3.85	3.90	6.22	5.51	8.14	5.85	6.50	6.48	6.90	7.02	5.81	9.09
	R	0.92	0.92	0.91	0.91	0.89	0.90	0.88	0.90	0.88	0.88	0.87	0.87	0.87	0.85
	WI	0.97	0.96	0.89	0.88	0.87	0.86	0.63	0.90	0.68	0.87	0.86	0.85	0.88	0.60
Summer	RMSE	1.55±0.07	2.07±0.09	2.36±0.09	2.45±0.10	3.08±0.19	2.42±0.10	4.30±0.38	1.86±0.12	3.58±0.20	3.32±0.18	3.66±0.20	3.70±0.21	2.28±0.15	5.18±0.45
	MAPE	3.10	4.59	5.38	5.65	6.41	5.44	8.37	3.94	6.81	6.30	6.92	7.11	8.21	9.52
	R	0.91	0.90	0.90	0.90	0.90	0.90	0.89	0.90	0.87	0.87	0.85	0.86	0.90	0.85
	WI	0.95	0.94	0.86	0.85	0.84	0.83	0.60	0.88	0.64	0.85	0.84	0.83	0.85	0.57
Autumn	RMSE	1.71±0.08	2.27±0.11	2.28±0.10	2.39±0.13	3.20±0.18	2.70±0.15	3.94±0.20	3.39±0.17	3.63±0.15	3.45±0.15	2.45±0.15	2.83±0.16	2.83±0.14	5.47±0.55
	MAPE	3.21	4.99	5.05	5.31	6.72	5.60	7.28	6.91	7.06	6.98	5.56	5.73	5.76	9.85
	R	0.91	0.90	0.89	0.90	0.87	0.89	0.86	0.89	0.89	0.89	0.89	0.89	0.89	0.84
	WI	0.94	0.92	0.83	0.81	0.80	0.82	0.59	0.82	0.61	0.78	0.76	0.74	0.80	0.54
Winter	RMSE	1.88±0.09	2.30±0.11	2.44±0.11	2.97±0.16	2.75±0.14	2.49±0.13	4.35±0.35	3.16±0.22	3.92±0.26	3.41±0.24	3.29±0.22	3.21±0.22	2.52±0.13	5.52±0.51
	MAPE	3.82	5.09	5.42	5.88	5.64	5.50	8.48	6.65	7.11	6.86	6.73	6.68	5.62	10.50
	R	0.91	0.90	0.90	0.90	0.87	0.89	0.88	0.89	0.89	0.89	0.90	0.90	0.90	0.81
	WI	0.92	0.90	0.80	0.77	0.75	0.74	0.54	0.80	0.55	0.74	0.72	0.68	0.78	0.50

图 18-3　不同方法在四个季节的比较，因为比较的方法相同，因此可以将四个季节的结果合并在一张表里[2]

二是要将重点结果显式标注。比如表格中最有效的结果应该以黑体或斜体来表示，次好的结果加下划线或上面加波浪线以区别于其他结果，方便读者能一目了然地看到差异，而不用再浪费时间去自行发现。

三是表格自身需要仔细设计。比如如果发现横排设计时，页面会超宽，就应该换成竖排，或考虑缩小字体（如采用"scriptsize"的字体大小）和缩写等策略。

另外，在使用表格报道模型的预测性能时，如均方误差，一般建议只保留到小数点后两位即可，再多也意义不大，且还占空间。当然，也有例外。比如现在人工智能的深度学习论文，还是有不少把数值结果保留到小数点后四位的。

▽ 公式写法小技巧

公式多的文章，我不建议直接采用 Word 这类办公软件的公式编辑器，其原因在于它对公式的大小设定不友好，尤其是公式出现在正文里的时候，字体有可能会忽大忽小，让整篇论文有种比例不太一致的错觉。如果一定要用 Word 写，可以采用其他公式编辑器形成公式后再贴图至 Word 里。比如 LaTeX 中自带的 LaTeXiT 软件，在里面用 LaTeX 的语法写出公式后，再以 PDF 或 PNG 格式将图粘贴到 Word 文档里。

而即使采用 LaTeX 来写论文及其中的公式，公式上面也有不少细节需要注意。比如，在用 LaTeX 写文章时，如果正文与随后的公式间多用回车键空了一行，就会导致 LaTex 编译后形成一个明显过大且不必要的间距。这是需要避免的。同样，在公式后空行，会导致随后的正文产生缩进。但当跟着的正文是需要解释公式的参数时，如

"where 'A' denotes"时，此时实际是不需要对这一行缩进的。因此，不要在撰写时用回车键来空行。

```
\begin{equation}\label{MAE}
MAE = \sum_{1}^{n}{\frac{|\hat{y}-y_i|}{n}}
\end{equation}
where $\bm{y}_{i}$ is blabla..

\begin{equation}\label{MPAE}
MAE = \sum_{1}^{n}{\frac{|\hat{y}-y_i|}{n}}
\end{equation}
where $\bm{y}_{i}$ is blabla..
```

$$MAE = \sum_1^n \frac{|\hat{y} - y_i|}{n}$$

where y_i is blabla..

$$MAE = \sum_1^n \frac{|\hat{y} - y_i|}{n}$$

where y_i is blabla..

图 18-4　where 与公式间的空行处理效果，左半上部为空行的 LaTex 写法，左半下部为不空行的写法；右半部分为编辑后两种处理的显示效果

另外，公式过于复杂时，有可能会超宽，此时需要对公式分解，适当进行换行来保证页面的规范性。而如果出现多个公式时，那么就应该将公式对齐，如图 18-5 所示。

```
\begin{align}
z_{i} &= g_{E_{1}} \left( x_{i} + \varepsilon \parallel \theta \right)\;, \\
h_{i} &= g_{E_{2}} \left( z_{i} \parallel {\theta}' \right)\;, \\
\hat{x}_{i} &= g_{D} \left( h_{i} \parallel {\theta}'' \right)\;,
\end{align}
```

$$z_i = g_{E_1}\left(x_i + \varepsilon \parallel \theta\right), \qquad (2)$$
$$h_i = g_{E_2}\left(z_i \parallel \theta'\right), \qquad (3)$$
$$\hat{x}_i = g_D\left(h_i \parallel \theta''\right), \qquad (4)$$

图 18-5　上半部分为需要对齐的三个公式的 LaTex 源码；下半部分为编译后的公式对齐效果[3]

还有数学公式里的括号写法，也需要注意。如果公式中的嵌套过多的时候，不要采用单一大小、单一形式的括号，可以考虑括号"( )"、方括号"[ ]"和花括号"{ }"，并通过如"\left｛"和"\right｝"指令来获得加大的括号。图 18-6 给出了两个加括号的分数的示例，大家可以感受下区别。

当然，用 LaTeX 写文章时，还有很多公式技巧，这里就不一一赘述了。同学们多写论文，自然就能掌握。

$$\left(\frac{5}{6}\right) \quad \text{vs} \quad (\frac{5}{6})$$

图 18-6　LaTex 对括号的两种处理方式。左：\left（\frac｛5｝｛6｝\right）；右：（\frac｛5｝｛6｝）

▽ **参考文献小技巧**

关于参考文献的版面，可以考虑两个小技巧。一是缩写。期刊和会议名称均

有其常用的缩写形式。如 IEEE Conference on Computer Vision and Pattern Recognition，其缩写形式为 CVPR；*IEEE Transactions on* 系列，均可以缩写成 *IEEE Trans. on* 的形式。当参考文献的版面超长时，可以采用缩写形式以节省页面。这种方式在很多顶级会议的论文里屡见不鲜。

二是字体的大小。在超页又不想删减的情况，也可以考虑适当缩小参考文献的字体。不过，现在一些会议已经将参考文献单独算一页或不限参考文献的页数。在这种情况下，它能节省的主要是参考文献的版面。

除此以外，值得提醒的是，多数排版软件都能找到提供交叉引用的函数或功能模块。建议作者在撰写文章时就加入交叉引用的功能。比如在 LaTeX 使用该功能后，在参考文献的每一篇引用论文后面都会提供在正文中相应引用位置的页码。这样处理，一来可以与人方便，便于读者或评审快速地知道论文的引文具体是哪一篇。二来，也可以确保所有参考文献均是正文中引用过的，而非"充数"随意加进来的。

▽ 精细化调整

一篇版面控制得好的论文，需要对文章的布局做精细化调整。比如，为了保持阅读的流畅，图表的位置应该尽量与第一次引用图表的位置保持在同一页。这样一来，读者不需要翻页也能比照着图表和文字内容进行分析。另外，图的长度在不发生明显长宽比变形的情况下，缩小图的高度，就能为论文留出不少空白，往往比减少文字来得快速且有效。

文字描述上的压缩。首先，少说废话。每句写进正文的话，作者都应该斟酌一下，是否有新的信息量进来。如果没有，则建议在不影响阅读的情况下，进行删减。最简单的，"we can do sth"的 can 字，就经常可以去掉。其次，当论文版面超长时，可以检查那些结尾一行字数少于 3 ~ 5 个单词的段落，对该段的语言表述进行简化可与相邻段合并，从而去掉浪费空间的最后一行。

另外，也不要浪费版面。比如一个会议要求作者提交 6 页的论文，而你只写了 4 页半。这多少会让评审觉得你没有认真准备，毕竟会议给出的长度，都是根据以往会议论文的情况来确定的。过短的论文，大概率是作者缺乏对文章贡献的充分了解造成的，所以才会无内容可写，白白浪费空间。

当然，也没必要故意写太长。比如 *IEEE Transactions* 的期刊限定页数是 10 页，

12 页是最大长度。如果内容可以去除冗余浓缩到 10 页，就没必要刻意写到 12 页，毕竟后两页按期刊的要求是强制付费的。

完美的版本是会议要求 10 页，排出的版面也是不多一行，不少一行，刚刚好。

对整体版面进行完美主义式的把控，它体现了科研人员在诸多科研细节方面的品质。所谓"一屋不扫，何以扫天下"，也可以推及至"版面控制"上。即使研究生毕业后的去向并非以学术为主，学会这套技术也会对未来的工作有所助益。

参考文献：

[1] LIN Y, Kruger U, ZHANG J, et al. Seasonal analysis and prediction of wind energy using random forests and ARX model structures[J]. IEEE Transactions on control systems technology, 2015, 23(5): 1994-2002.

[2] LIU Y, HE Y, LI S, et al. An auto-adjustable and time-consistent model for determining coagulant dosage based on operators' experience[J]. IEEE Transactions on systems, man, and cybernetics: systems, 2021, 51(9):5614-5625.

[3] LUO Y, XU X, LIU Y, et al. Robust precipitation bias correction through an ordinal distribution autoencoder[J]. IEEE Intelligent systems, 2021.

19 兼听则明的评审与回复

多数论文在提交期刊或会议后，会经历一轮或多轮的同行评议（peer-review）。有些会议会在评审完后，直接给出接收与否的结论。而更常见的情况是会给一轮回复（会议是 rebuttal）或允许作者多次回复（期刊是 response）的机会。

那么，为什么要有同行评议呢？它有哪些利弊呢？如何回复呢？它对论文的发表有何影响呢？

▽ 同行评议的意义

首先，现今的研究方向已经非常细化、专门化。而科研人员在选择研究课题和研究方向时，并不见得会始终只选择自己做得滚瓜烂熟的方向，总要时不时想跳出自己的舒适圈，寻找更有意义或有意思的创新点。但是，科研人员对新方向的认识往往存在片面性，以至于产生错误认识的概率会高得多。

因此，为了更好地帮助作者**完善研究成果**，也为了保证论文发表的质量，就需要有几位熟悉这一方向的同行来帮助**准确且客观地评估**论文的价值。所谓之，**兼听则明，偏信则暗**。

其次，人不是神仙，是人就很难不犯错，即使论文撰写时逻辑再完美，实验做得再完整，百密总有一疏。这需要有同行来帮助查漏补缺，让论文的质量得到进一步的提升。

最后，初出茅庐的学生，由于见不多识不广，容易为自己的一些"新"创新激动不已，甚至有可能会觉得是项惊世骇俗的成果。此时，导师和师兄弟们的善意提醒也不见得能动摇学生的热情，需要找专家来泼泼凉水。还有一种情况，是导师对学生成果的可信度缺乏足够把握。此时，可以投稿，尤其是投稿至高档次期刊或会议，从负责任的评审专家那里获得更为全面且中肯的评价。

▽ 同行评议的弊端

但需要注意的是，论文同行评议也并非十分完善，还存在一些有待改进的问题。比如，当碰到不靠谱的评审时，那同行评议的意义就会大打折扣。

以人工智能领域的**会议**来说，近年来投稿量剧增，随便一个会议的投稿量可能都在 5000 篇以上，导致很难找到合适的评审。这里我们可以通过计算来分析原因。如果一个会议投稿 5000 篇，每篇文章需要 3 个评审，总共就要 15000 人次的审稿。假定每个评审能审 6 篇论文，那就需要 2500 个评审。但要找到与会议档次水平相当、审稿人数相当，认真负责又刚好有时间来做义务审稿的评审，难度可想而知是极其大的。所以，为减轻评审审稿压力，一些会议开始在未送审前，先通过 SPC（Senior Program Committee Member，高级程序委员会委员）进行快速拒稿机制（summary reject）。即只需要粗略地看一下论文，感觉不行就拒掉。通过这种方式，先拒掉近 40% 的投稿论文。但即使如此，还剩下 3000 多篇要分配给匿名评审来审稿。

当论文投稿数量剧增时，评审分配的随机性就会升高，碰到的评审水平就可能参差不齐。各种未知的因素增加后，论文是否能接收的不确定性也就增加了。有可能一些实际贡献不高的论文，也被接收了。又由于一个会议往往会对接收论文总量进行控制，这又间接地导致一些质量好的论文被拒之门外。比如，常常听到某篇论文被 A 会议拒稿了，然后转投更高一档的 B 会议却被接收了。更有甚者，A 会议拒稿的论文在 B 会议被选成最佳论文。

所以，为表明公正性，有些会议干脆公开评审的内容，如人工智能中专注深度学习的 ICLR（International Conference on Learning Representation，国际表征学习大会）会议，采用的就是网上公开评审意见的方式，评审的意见和作者的回复均公开可见。但即使如此，还是众口难调，时不时也还是会有人质疑评审的公正性或判断的合理性。

类似地，**期刊**在选择评审专家这一块也存在一些不足。通常来说，期刊论文的送审主要由编委来决定。如果主编（Editor-in-Chief）将与编委（Associate Editor）研究方向差距甚远的论文分配给编委时，编委找适合审稿的评审专家的难度就上升了。即使方向一致，评审的选择也有很多因素要考虑。比如，有名气的专家一般没时间审，没名气的又得担心其不懂套路，不清楚期刊的档次，一通乱审，评审意见给得枯燥且毫无意义。由于是义务审稿，还有些评审对审稿的邀请和截止时间熟视无睹，导致论文的审稿周期无形中被延长。

▽ 在线论文的利与弊

所以，发表在线论文的网站如 arXiv、bioRxiv 也就应运而生。它的好处是无须评审，能快速地将自己的成果公开。对读者来说，这也是一件好事。因为这上面的文章没有会议或期刊论文发表的滞后性，只要跟得紧，看到的都是最新成果。但是，缺乏同行评议的话，并不是所有人都认可这些成果的有效性。比如有些文章，作者根本就没对论文实验的可信度做认真检查，纯粹是为了把一个新领域或新想法先占为己有，故意抢先发 arXiV。另外，在线网站发表的论文，如果相关投稿的论文未引用或比较这些在线论文，很多评审也不会太在意。毕竟其结果没有经过同行评议，无法验证真伪。事实上，即使是正式出版的期刊，如果缺乏严格的同行评议，发表的论文同样有可能存在不少漏洞。极端情况下，有些完全不可思议，甚至违背常识或物理定律的文章都能发表出来。但这样的文章发表了，并不代表其成果就被大家认可了，反而增加了作者名誉扫地的概率。

因此，相对而言，有同行评议的论文含金量更高。那么，如何通过同行评议，来提升论文的质量呢？另外，如何能够更好地回复评审提出的问题呢？所谓知己知彼，百战不殆。那么，我们先看看评审专家会怎样审稿呢？

实际上，在之前的几章里，我已经针对论文可能存在的各种问题进行分析和说明。如果作者都能做到，那留给评审的漏洞应该就很少。

▽ 小李飞刀与温柔一刀

从评审角度来看，当评审认为论文存在较大问题时，往往会考虑以下理由。

1. **缺乏近三年最新方法的实验比较。** 此问题，在很多国内的投稿文章中比较常见。一旦被评审抓住并问及，回复这一问题往往需要相当长的时间，因为要重做实验。如果是期刊，一般至少是个大修（Major Revision）。而如果是会议，则有可能直接被拒稿了，因为评审会认为该文章没有达到会议论文出版的标准。

2. **缺乏对重要文章的引用和综述**。此问题相对好解决，按评审要求补全即可。但如果评审认为你的工作与这些文章有雷同性，或你自以为的创新性实际上都被这些文章研究过了，那么，文章被拒的概率就比较高了。如果给了大修的意见，那么作者就需要非常认真和仔细地把两者的区别找出来，并通过理论分析和实验来证明文章的创新真实可信。

3. **方法存在关键性漏洞**。比如，评审可能认为创新是通过牺牲某些关键指标获得的，而这一代价可能并不值得。如把某一算法或方法的计算效率显著提升了，但预测性能却因此毫无亮点。再比如，理论性的证明，获得某个漂亮的上界或下界，但该界中的某个参数可能导致整个界没有任何实际指导意义。或者说，证明中出现了低级失误，导致整篇文章结论不成立。如果这些问题被评审发现的话，可能就是"小李飞刀"，拒稿例不虚发了。

4. **缺乏洞察力，论文有记流水账的嫌疑**。这类问题在综述性的文章中比较常见。事实上，一篇好的综述文章往往能全面介绍一个方向或领域的现状进展和不足，能给读者比较多的启示和建议，能产生重要的影响力。这样的综述很难写好，需要作者对这一领域有深厚的认识和经验。但是，如果只是记流水账，且看不到作者深层次的思考，这样的综述文章就大概率会被拒，即使录用了，也可能不会得到综述本应有的大量关注和引用。

5. **重大学术问题**。有这类问题的论文容易被秒拒。比如要求匿名投稿的会议，论文里把作者的姓名、单位都放上去了。这往往是初次投这类会议的作者因为没经验导致的。又比如论文一稿多投。这往往是某些担心没文章毕不了业的学生，想用"东方不亮西方亮"的多保险投稿方式。但实际上，这是一种下下策的做法。再比如论文中存在对其他已发表论文的文字、图表，甚至方法上的抄袭且未引用。再比如论文在扩增内容投稿时不说明有发表过的前文、不引用前文、不与前文的内容进行比较等。碰到这些问题，即使评审看走眼，放过去了，它也会成为作者学术生涯的不定时炸弹。所以，需要平时把学术诚信修炼好，以避免这类问题的出现。

除了以上的问题外，评审有时也会提些无关痛痒的问题。比如语言表述问题、少量的打字错误、图表画得比较丑或不规范、引用格式一致性问题、排版问题等。这些问题没有触及论文的关键性不足，通常都好解决。

但需要提醒的是，如果一开始就不认真写，在提交的论文里还存在着连办公软件都能发现的低级错误，比如字符与逗号之间无故多了个空格或单词拼写错误，那评审可能一开始就不想看你的论文了。他是要花时间认真评审的，而你连这起码的认真态度都没有，凭什么要让评审认真呢？所以，不管是中文文章还是英文文章，投稿之前务必确保没有这类低级错误，以免浪费自己的科研成果和等待评审的时间。

另外，评审有时候会要求作者找母语为英语的人对文章进行润色。这个要求对于国内学者和学生来说，会提得多一些，但一般不会成为拒稿的主要理由。因此，认真修改后，评审也不会特别上火。毕竟，你没有几十年的英文阅读沉淀，想写出如原版小说般的行文和用词，基本上是不可能的。实在觉得英文差，可以在论文逻辑梳理完整无漏洞后，再找专业的论文润色公司来完成。不过，由于润色公司对专业内容并不是太理解，更合适的办法是找一个方向相同或相近的国外合作者一起撰写和修改论文。这样，不仅能在论文上得到更好的完善，还可以在研究方向得到进一步的学术水平的提升。

▽ 回复规范

一旦论文按评审建议修改好，作者提交了相应的修改版，那么，评审最不希望看到的情形是什么样的呢？

最不希望看到的是，作者在提交修改版时，直接改了论文，既不标注哪里改了，也不同时提交告知都改了哪些内容的回复文件。结果，评审得耗费大量的时间从正文中去找，哪些问过的问题改了，哪些没改。

多数评审本就是义务工作，而评审们也需要有自己的时间来做研究、指导学生。如果没有回复文件，相当于评审的时间又被多挤占了一些。所以，作者们在提交修改论文时，一定要尊重评审的工作，多给评审一些方便，也就等于给自己多了一些方便。

在写回复文件的时候，尽管有多种不同的格式，但基本规范是相同的。首先需要感谢评审，并强调针对评审关于本文提出的若干问题或建议均已经回复。然后在回答时，对评审的意见进行逐条梳理，按 Q1/A1（Question 1/Answer 1）、Q2/A2 的形式来组织回答。同时应该保证同步性，即将回复文件里回复的内容都完整地体现在正文中。当然，如果修改内容不多时，也可以直接改正文，再根据修改意见来撰写回复文件。如果期刊或会议允许，可以将修改的内容用有颜色如蓝色字体标识出来，方便评审对比查找，也可以在回复文件中指明修改内容在正文中的哪一页哪一段。

切记，一定要认真且逐条回复。如果敷衍了事和逃避对核心问题的回答，有些较真的评审可能会因此而拒掉稿件，也有可能私下向编委吐槽作者修改得不认真。那么可能的结果是，要么编委会采信评审的建议而拒稿，要么可能会增加评审。无论哪种做法，都会导致作者发表成果的时间推迟。

另外，在修改论文时，为了提高效率，不妨考虑使用在线版本控制软件。比如 Overleaf 或腾讯文档，前者更适合用 LaTex 写的文章，后者适合用其他办公软件写的文章。通过在线版本控制软件，作者们可以一起来改论文和写论文，且不容易发生版本冲突，即 A 和 B 同时改文章时，不容易出现文字修改上的冲突。不仅如此，在线版本控制软件还能帮助作者们看清楚每个作者具体改动的位置有哪些。如果不熟悉在线版本控制的使用，也可以利用 PDF 和 Word 的编辑功能，来对论文存在问题进行直接标注和修改，以促进论文的完善。如果这些功能都不太会使用，可以考虑面对面改。通常学生在导师的指导下，改过一两篇论文后，就应该清楚整套论文修改的流程了。

▽ 评审间的讨论

一篇论文往往会收到 2 ~ 3 位评审的意见，在某些会议上甚至可能达到 6 ~ 7 位。因此，作者在回复评审意见时，也要分清主次。同时，也要清楚评审之间可能存在的讨论，因为它会影响对论文的最终评价。

期刊往往缺乏评审间的讨论，但在作者回复后，评审们是能相互看到意见的，因此多少会受其他评审意见的影响。而有些会议则除了这一点，还允许评审间讨论。有时会由 SPC 来主导，尤其是当评审们给出的推荐意见不一致时，讨论的作用就很大。通常来说，讨论会偏向意见给得多、证据给得足且对论文研究方向更懂行的评审，这些信息都可以在讨论时相互看到。而其他评审，很有可能会根据最懂行的评审的意见来调整自己的分数或推荐意见，最终达成一致。在无法调和的时候，则更高一级的如 SPC 有可能会再邀请一位评审来帮忙，也有可能自己根据评审的意见来做最终决定。

所以，作者在回答问题时，一定要重点回答好那个问题提得最为尖锐的评审的意见，同时，也得回答好温和评审的意见。态度好，说不定还能从温和的评审那里获得支持。

当然，也需提醒一点的是，会议论文的评审并不见得都会参加后续轮次的讨论。认真写了回复意见，却没收到应有的评审回复或调整意见，都是很常见的。

▽ **致谢**

在回复评审意见时,还要注意三点,第一,尽量不要跟评审起冲突,即使你认为质疑不一定合理,但你态度不好也没有好处。第二,有可能确实是论文在表达上存在歧义,导致评审产生了理解偏差。此时,最好先指出可能是表达引起的误会,再解释你工作的合理性。第三,确实评审没认真审稿,出现严重的理解错误或恶意打分。此时,可以向上一级投诉,并给出翔实的理由。另外,在提交意见时,不要忘记致谢。致谢往往出现在回复文件的开头。有的时候,期刊论文还会在结论这一节后再多出个致谢小节,专门感谢评审和编委的工作。

总之,论文的回复是提升论文品质的重要环节,它能帮助作者发现一些未曾看到的不足,完善论文的逻辑、理论、算法和实验。同时也要记住,一定要学会**正面回应**评审提出的问题,而不是顾左右而言他。学会正面回复,也可以算作论文写作过程的一个副产品,即顺便培养了作者尤其是研究生积极向上、勇于面对困难的生活态度。

20 合作共赢

> 子曰:"三人行,必有我师焉;择其善者而从之,其不善者而改之。"
>
> ——《论语·述而》

图 20-1 合作共赢

▽ 团队合作

之前讲过，科研在现在这个时代已经变得越来越细分。什么方向都知晓的通才已经很罕见了。即使在同一个研究小组里，研究生研究的内容也可能泾渭分明。要想形成突破，优势互补的团队合作（teamwork）就成了必然的趋势。以我从事的人工智能方向为例，随便翻翻近几年在各个相关领域顶级会议上的文章，就能看到大量成果是通过合作完成的。既有学校间合作的，也有学校与企业联合的，如国际大公司与国际名校之间的合作成果。这种强强合作的结果，必然会挤压那些偏好单干的科研人员发表研究成果的空间。因此，主动寻求合作未尝不是一个好的选择。

那么，对于研究生来说，怎么去寻找合作的可能和机会呢，合作时要避免哪些问题呢？我下面探讨一些可能的形式。

▽ 组内合作

组内合作是最容易、也是最需要重视的，毕竟同门之间的社交距离（social distance）近不少。如果有共同的研究方向，比如让学生们一起参加某项比赛，那么此时的合作是最自然不过的。因为它需要大家一起想办法而且需要大家有集体荣誉感才可能找到制胜方案。另外，如果将学生以不同年级的形式来组团，有利于保持组内的重点研究方向的持续发展并将其接力给新的学生，因为它一来可以让新生快速上手，二来新生也能在原有的平台上尝试新的想法。

组内成员还可以通过集思广益的形式来促进合作。比如定期组织讨论班，既可以讨论新的进展，在讨论中发现新的可合作的方向，也可以让大家汇报自己研究中存在的问题，相互帮助和启发来解决问题。

另外，加强学生间的日常交流也可以促进合作。在网络时代，学生间的面对面沟通可能没有早些年那么通畅。因此，适当地在组内组织一些活动，有利于拉近同学间的友情，比如定期聚餐、组织唱歌、团建或户外活动。这都是小投入，但可能形成大收益。当然，在经费允许情况下，还可以多组织集体去参加一些国内或国际会议。在参加会议期间的集体行动、相互帮助，都能在无形中提高组内合作的可能性。如果经费有限的话，也可以考虑参加一些免注册费的会议，这样总的成本能降不少。比如人工智能领域有两个知名的免注册费的会议，一个是由中科院陆汝钤院士自2002年在复旦大学发起、由南京大学周志华教授推动后声名鹊起的"中国机器学习与应用研讨会"（简称MLA），会议时间是每年11月的第一个或第二个周末，主要邀请国内外机器学习领域的知名学者做报告，还有对顶级会议的经验分享。目前每年都能吸引1500～2000人参会。另一个是"视觉与学习青年学者研讨会"（简称VALSE），其目的是为计算机视觉、图像处理、模式识别与机器学习领域的中国学者提供深层次学术交流的平台。前几年参会的人数已达到5000。因为比较贴近实用，该会赞助商颇多，所以，不仅免注册费，还有免费中餐、晚餐。

值得提醒的是，组内的合作需要学生之间能多考虑长期的合作，尽量宽容、大度。尤其是涉及论文发表，关于谁是第一作者、谁是第二作者之类问题的时候。如果关系没协调好，贡献大小差异又不是太明确的时候，最后闹得不愉快也不是没有可能。比如A同学贡献了关键想法但自己无法实现，B将想法实现并做了重要改进。

▽ 组组合作

而组组的合作，相对来说，不如组内合作那么容易。按人工智能的解释，这是两种类型，组组的类间距离明显大于组内的类内距离，所以合作难度要大一些。而再细分的话，还存在学院内部的、学校内部的、校外的组组合作。比较有意思的是，有的时候，还存在校外的比校内的组组合作更方便这种"近邻不如远亲"的情况。

当然，各种情况下的组组合作的实际可操作空间其实挺大的，毕竟研究生之间的交流还是比较频繁的。比如另一位导师指导的、和我同一年进所的博士生陈德旺同学，在博士期间我们就经常有生活、学业上的交流，也都喜爱唱歌。记得有次在寝室里唱歌，结果没唱多久就因为太难听，被隔壁寝室实在忍受不了的同学过来敲门禁唱了。我们两人关系不错，所以谈起合作研究时很快就一拍即合。从博士期间探讨智能交通和机器学习的融合开始，我们一起发表了不少相关的研究成果，包括首次将一维流形应用于智能交通领域的交通流分析[1]，以及通过机器学习方面从低精度GPS数据学习出高精度的GPS定位信息[2]等。

▽ 交叉合作

当研究方向存在较明显差异时，两者也有很大的合作空间。一来是知识的互补性强。比如机器学习领域在理论研究方面的一些突破，可能对其他领域来说，还处在未曾深入了解的滞后阶段。就像机器学习对数据的非线性研究已经到了基于流形学习和测地线这样的非欧空间，而生物学方面可能还在沿用线性技术如主成分分析。那么，其他领域如果要跟进这方面的进展，相关学者在知识储备和文献阅读的深度、广度上都不见得很充分。寻求与机器学习领域科研人员的合作，就能事半功倍。而对于机器学习领域的科研人员来说，他们也会存在找不到可落地应用和实际问题的苦恼。此时，如果其他应用领域的人能提出问题，也有潜力形成交叉合作。我和我的学生们在交叉合作这块还是尝过不少甜头的，包括在金融的高频交易分析、自来水混凝剂的最优选择[3]、针对强降雨和短临预报的气象预测[4]、基于 CT 图像的良性恶性肺结节预测[5]，甚至半导体元件测量[6]等方面的合作，都形成了一些新的成果和突破。

当然，交叉合作也并非两拨人走到一块，就能立马出成果了。记得我读博士期间，有回导师带我们去中科院心理研究所探讨潜在的合作。双方见面时的兴致都很高，然后开始介绍各自的成果。为了能让对方听懂，双方都已经尽可能通俗化了自己的研究方向，但结果还是略有些尴尬。我们讲的时候，我估计对方是一头雾水。而轮到他们讲的时候，我们也只能听得懂科普性的字眼，一到技术细节就完全听不明白了。这或多或少说明，双方的合作需要彼此有更多的投入，也需要进行更细致的交流和磨合。

另外，导师也需要注意兼顾实验室或研究小组的整体发展方向、学生的研究兴趣及寻找交叉合作之间的平衡。因为交叉合作往往意味着双方都需要花比较长的时间去找合作点，很有可能有比较长的时间看不到任何潜在的突破。所以，在一个相对陌生领域进行交叉合作探索时，需要双方的相互理解和信任。

▽ 国际合作

国际合作也是合作中必不可少的环节，它能帮助提升科研成果的档次。那如何获得国际合作呢？一方面也许是通过导师已有的国际合作渠道，另一方面也可以自己主动去寻找。

参加国际会议时，主动交流是一个好的办法，因为这样比较容易碰到志趣相投的朋友或合作者。记得 2006 年，我去参加在昆明召开的 ICIC（International Conference on Intelligent Computing，国际智能计算大会）国际会议，就刚巧碰到一位德国学者 Uwe Kruger 在做主曲线的报告。我认真听完后，感觉和我当时研究的方向非常一致，于是便上前去和他讨论其中的问题，并因此建立了联系。一晃 15 年过去，我们之前有过很多论文方面的合作[2,5]。他在撰写论文时的严格和较真，也让我学到了不少经验。我也曾邀请他来复旦大学访问过两次，也推荐了我的博士生单洪明去他所在的仁斯利尔理工大学（Rensselaer Polytechnic Institute，简称 RPI），在王革教授那里从事博士后工作。2020 年 9 月，单洪明回到复旦大学任青年研究员，这可以说与 2006 年的那次偶遇不无关系。

除了会议，也可以申请去国外的高校访问或求学，比如通过国家留学基金委（简称CSC）的联合培养博士项目、面向青年教师的访问学者项目和面向资深教授的高级访问学者项目等。由于与合作方的交流时间一般比较长，双方更容易充分了解。所以，这类项目往往能促成长期而稳定的合作，并且能更好地施展各自的长处来形成更好的成果。比如我曾在2014—2015年去宾夕法尼亚州立大学访问了一年，尽管去的那一年几乎没有发表文章，但随后的几年里，与合作导师王则（James Z. Wang）教授一起持续发表了不少论文[7, 8]。

不过自2020年起，大部分的国际会议改成了网上的虚拟会议，去国外交流也存在诸多问题。这不能不说是种遗憾，因为对学生来说，除了能了解国际学术前沿进展外，可能还少了建立潜在长期合作的机会。

另外，要注意的是，由于距离受限，面对面交流又不顺畅，远程的国际合作可能更容易产生分歧，甚至导致合作中断。尤其是学生，更要注意把握分寸。有些合作的中断，往往是因为学生过分好奇或自信，太相信自己判断的准确性，倾向于否定合作中对方提出的想法或观点。一来二去，就拖延了合作课题的进展，最终导致双方的信任度减分。所以，这类合作需要双方都能适当做些折中，才能有长期合作的可能。

▽ 同行合作与强强合作

除此以外，不同单位的同行之间也存在合作的空间。但要进行长期的合作，要么就是朋友关系，要么是通过参加各种专业委员会逐渐熟悉的，要么就是通过联合申报项目的方式来实现的。前两者和组组的合作差不多，后者则容易形成比较稳定的合作关系，但也应避免申报完项目后，又各干各的，以至于整体贡献只等于局部之和，凝练不出重大成果的情况。

以机器学习领域为例，从国际上近几年论文发表的情况来看，单位之间的合作已经明显加强，尤其是学校与企业间的合作增加不少。究其原因是专业的细分，以及彼此间存在强的互补性，比如学校的理论基础优势和企业的数据资源硬件环境优势之间的互补。另外，合作的各个单位的实力似乎都很强，有一种强强联合的趋势。因此，国内如果希望能形成大的、国际领先的创新成果，也不妨多采用强强合作的方式。

▽ 师生共赢

导师与学生之间，除了指导，其实也有一层合作关系在里面。而好的合作的建立，往往需要一段时间的磨合。对于导师来说，需要好好琢磨每个学生的个性、能力，找出其擅长的方向。对于有能力独当一面的学生，那提供个机会就可以了，干预反而是用自己已经受限的知识面限制学生的发挥。有的学生是完完全全的生手，那需要耐心指导，将其在研究生期间可能犯的错误一一纠正，直到其在毕业前能形成独立科研能力。而多数学生的科研能力是这两者之间，导师更多要做的是提供各种机会，比如参加会议的机会，寻找国内、国际合作的机会，探索适合其科研能力的研究方向的机会，诸如此类。

对于学生来说，相信导师可能是最重要的。毕竟导师之所以能成为导师，总有其原因，不会凭空而来的。导师的经验往往能让科研事半功倍。比如学生提到的创新点是否足够发表论文，论文写作中有哪些是值得注意的，论文水平是否值得投稿，投哪个期刊或会议。

在合作中，相互的尊重也是必要的。比如导师在询问科研进展时，学生是否能及时回复，反之亦然。如果双方缺乏一条能顺畅沟通的渠道，那长此以往，显然是负能量越来越多。同时，相互体谅也是必须的。导师可能要参加必要的学术活动，要处理家务，这些都需要时间。学生也会有自己的个人事务和活动，同样需要时间。

所以，导师与学生之间只有做到互相理解，像之前强调过的"流水线"一样，各司其职，才有可能提高共同的时商，实现师生共赢。

▽ 科研孤狼

虽然合作很重要，但合作是需要花时间磨合的，并非合作了，就一定能成功和让双方满意，失败的情况也不少。所以，既要有耐心，也要放宽心。合作也并非一定胜于单干，因为不是所有人、所有方向都适合通过合作的形式来产出成果。所以，不必因为别人合作了，自己没合作，就以为自己的研究会处于劣势。有的时候，重要的成果或灵光一闪的成果就是一个人做出来的。比如阿基米德定律的发现，再比如一些重要数学定理的证明，可能多数情况就只能一个人独立完成。例如百年难题"庞加莱猜想"（Poincaré Conjecture）的证明就是俄罗斯数学家格里戈里·佩雷尔曼独立完成的，他将研究成果发表在在线论文发表网站 arXiv 上（编号 math.DG0211159）。他因此也获得了 2006 年数学界的"诺贝尔奖"，即菲尔兹奖。不过他并未出席颁奖礼，成了世界上唯一一位拒绝菲尔兹奖的人。

正如鲁迅所说：猛兽总独行，牛羊才成群。如果你觉得自己各方面都更适合做科研上的孤狼，那也没问题。只要你能认准和坚持一个方向，不动摇，迟早也能闯出名堂。

参考文献：

[1] CHEN D, ZHANG J, TANG S, et al. Freeway traffic stream modelling based on principal curves and its analysis[J]. IEEE Transactions on intelligent transportation systems, 2004, 5(4):246-258.

[2] ZHANG J, CHEN D, KRUGER U. Adaptive constraint K-segment principal curves for intelligent transportation systems[J]. IEEE Transactions on intelligent transportation systems, 2008, 9(4): 666-677.

[3] LIU Y, HE Y, LI S, et al. An auto-adjustable and time-consistent model for determining coagulant dosage based on operators' experience[J]. IEEE Transactions on systems, man, and cybernetics: systems, 2021, 51(9):5614-5625.

[4] CHEN L, CAO Y, MA L, et al. A deep learning-based methodology for precipitation nowcasting with radar[J]. Earth and Space Science, 2020(7):e2019EA000812.

[5] LEI Y, TIAN Y, SHAN H, et al. Shape and margin-aware lung nodule classification in low-dose CT images via soft activation mapping[J]. Medical image analysis, 2020(60): 101628.

[6] ZHU H, LEE Y, SHAN H, ZHANG J. A maximum contributed component regression for the inverse problem in optical scatterometry[J]. Optics express, 2017, 25(14):15959 - 15966.

[7] TIAN Y, LEI Y, ZHANG J, et al. PaDNet: Pan-density crowd counting[J]. IEEE Transactions on image processing, 2019, 29(11):2714-2727.

[8] XU F, ZHANG J, WANG J Z. Microexpression identification and categorization using a facial dynamics map[J]. IEEE Transactions on affective computing, 2017, 8(2):254-267.

21 顶天科研，立地应用

2020 年 1 月 29 日，科技部就应急项目的管理发文通知，其中强调了"要把论文'写在祖国大地上'，把研究成果应用到战胜疫情中"[1]。显然，不仅是战疫需要"写"，其他研究方向也值得这么写。科研不仅需要有顶天的基础性研究，也需要有能落地、立地的应用基础性研究和成果转化。

那么，要如何"写"呢？存在哪些困难和可行的解决方案呢？

本章将分析科研院校"写"的不足、优势，以及与企业合作的好处。

▽ 软硬环境不足

首先，要做应用，与市场上相似行业或有相似产品的公司相比，是否具备竞争力呢？以人工智能领域为例，目前多数性能好的创新和应用，都是基于深度学习。而深度学习又非常依赖于硬件 GPU 和大数据。显然，学校在这些方面不占优势。

具体来说，学校购买硬件 GPU 的规模较小，与一些大公司不在一个量级上。学校购买硬件多是靠小科研团队利用申请的国家或省级项目资金来实现。尽管近年来，各类项目的支持力度已越来越大，但硬件的预算往往特别容易被优先砍掉，因为管理部门可能会认为，既然已经有 GPU 服务器了，为什么还要购置呢？实际上，在目前的人工智能研究和应用上，模型的优化严重依赖于在 GPU 上对成批数据处理的能力，一两台服务器通常只能同时处理少量的批数据。而 GPU 越多，处理能力则越强，学生们有更充分的算力测试提出方法。比如我的研究小组，15 个学生，约 30 块 GPU，平均每人有 2 块 GPU 用来做数据分析和测试模型性能。平日还能满足需求，1 个学生占用 10 块卡做实验也没问题。但一到重要会议投稿前夕，如果大家都在准备论文的话，GPU 的数量就显得有点儿捉襟见肘了，需要大家协商分配机器的时间。我想说的是，相比而言，我的研究小组的硬件环境、GPU 数量应该算中等略偏上的，还有一些科研队伍可能是更缺乏足够的硬件支持的。

反观企业在这一方面就强多了。即使是如今 GPU 显卡、硬盘价格翻倍上涨，企业仍然有足够的财力来大规模购买。

▽ 数据优势在企业

其次，是大数据的缺乏。以肺炎为例，学院层面很难获取大规模肺炎的 CT 图像数据集，这里面既有企业或医疗部门从隐私角度考虑的原因，也有数据本就难以第一手为学校获得的原因。类似的问题，在其他领域也是一样，而企业则在财力和物力上，能够保证数据的充分收集。另外，也有些企业本身的用户就很多，天然就拥有大数据。

这就决定了学校层面在遇到大数据和硬件两个瓶颈时，无法去与大的公司竞争。以前，这种情况只是限于应用层，而深度学习流行后，甚至在研究层面，学校也容易处于劣势。比如，在曾经非常难发表论文的国际人工智能顶级会议上，现在某些大公司一次发 10～20 篇，甚至更多都已经不足为奇了。其原因就是硬件、大数据都集中在公司那边。在此环境下，学校能做的，似乎主要是研究一些理论上困难的问题，或短期内无实际落地的应用。

▽ 21 世纪最缺的是什么：人才

相对于硬件与数据来说，更要紧的是人才。对于公司而言，人才团队更加稳定，且都是熟练工。越好的公司，人才越是通过更顶端的选拔来获得。而对于学校而言，研究生就像流水的兵，新来的兵还不能直接打仗，得好好培养一段时间，等差不多成熟了，又到了离开的时候。拿无人驾驶来举例，我国每年 11 月左右在常熟有一个无人车大赛，已经举办了近 10 年。2016 年和 2020 年的时候，我都去观摩过。有个比赛的环节，我印象很深，任务很简单，倒车入库。但直到我 2020 年再去看的时候，发现不少无人车在没有任何障碍物的情况下，仍旧很难成功入库。有些明明已经把车的位置摆成标准入库姿势了，车载的智能系统似乎仍有些不确信，又把车摆回到与停车位置垂直的情况了。看起来似乎与2016年的无人驾驶水平一样，没有什么提高。为什么会这样呢？其中原因之一，就是这个大赛主要的参加方都是学校，几乎没有专门造车的企业参加。而学校最大的一个问题是参与研究的都是学生，学生一旦毕业，新学生要接手的话，读原来学生写的代码就是一件非常头痛的事。如果编程规范没有统一的话，读代码还不如自己重写一套。这也就造成了每年参赛的水平仿佛跟刚上手的新生写出来的程序一样，缺乏持续性的改进。这或多或少与学校不容易建成长期稳定的科研队伍有关，真是"铁打的营盘，流水的兵"。

其次，学校给研究生的补助也无法与企业竞争。即使部分导师能给出一部分补助，那也是凤毛麟角，无法扭转科研院校导师和学生整体薪酬低于企业的局面。所以，很多情况下，大多数导师很难阻止学生（偷偷）跑去实习，尤其是学生为了工作岗位去找的那种实习就更难阻止。因为很多企业要求如果学生要获得工作岗位，需要来单位实习3个月以上，方有资格入选。但从我的观察来看，学生一旦进入实习环节，甚至在准备开始实习的阶段，后面的研究能力就直线下降了，鲜有例外。从某种意义来说，企业通过薪酬和稀缺的就业岗位等因素吸引人才的同时，也实质性地缩短了科研院校对学生科研能力的培养时间。

▽ 科研院校的优势：基础

尽管存在诸多不足，学校也有其独特的优势，比如基础研究，就得以科研院校为主。举个例子，现在人工智能领域中对非线性的、弯曲空间结构（如流形）里的数据分析和相关应用是比较热门的，代表性的工作可以追溯到2000年左右。但这一概念却是黎曼1857年在"论作为几何基础的假设"的演讲中提出的，相差近140年。虽然这个时间差有点儿大，但它也表明了，应用性研究较基础性研究具有一定的滞后性。事实上，即使是近年正火的人工智能领域，2018年因深度学习获得"图灵奖"的"深度学习三剑客"Yann LeCun、Geoffrey Hinton和Yoshua Bengio均来自学校，且在深度学习领域进行了近30年的坚持和探索。

▽ 科研院校的优势：大局观、人才与交叉学科

第一，多数公司是不会考虑这类时滞性太长或前瞻性太远的研究方向的，因为一个公司需要考核关键绩效指标（即KPI, Key Performance Indicator），且常通过OKR（Objectives and Key Results，即目标与关键成果法）来管理。如果一个方向3～5年见不到成效，又不考虑广告效应的话，也许早就被放弃了。相反，学校关注这种短期绩效的情况要少一些，并对探索性研究有着更大的宽容。因此，在需要较长时

间探索的研究方向上，科研院校的科研模式会有更高的概率形成好的成果和突破，并对若干年后的潜在应用提供持续的理论支持和算法保证。

第二，虽然学生的流动性强，但这种强流动性也有好处——它能防止思想僵化、保持团队持续有力的创新能力。其原因是学生来自全国各地，受到的教育千差万别，思维模式迥异。而且，学生普遍年轻，这通常是创新概率高的年龄区。因此，他们更容易产生很多意想不到的想法。再加上，学生动手能力虽然可能不如公司的熟练人员，但其可塑性很强，对问题的领悟能力和适应能力都很快。不仅如此，学校还有着更长的学习时间，如果学生能坐得住，往往可以沉下心思考一些较难的科学问题。这也让学校在基础研究和应用性研究两方面都有其独特的优势。反过来看，企业更偏好稳定，一旦某个产品达到成熟，往往会把重心放在产品的维护和小修小改上。

第三，多数学校在学科配置上几乎是完整的，互补性很强，这一点是企业无法具备的。如果善于沟通并能有效利用各方面的资源，往往更容易形成重要的交叉研究成果。比如 2019 年登上 Nature 十大热点文章之首，关于亨廷顿舞蹈病治疗方案的研究就是复旦大学生命科学学院和光科学与工程系合作完成的。

▽ 校企深入合作

除了学校的独立研究外，要把成果"写"到祖国大地上，更直接的办法是学校与企业或应用型单位合作。

联合开发应用，好处颇多。首先，与企业合作，能够找到实际应用问题。如果只研究学术界关心的科学问题，往往容易脱离实际，也不容易把自己的科研成果转化到实际应用中。我的研究小组这几年在把应用"写"在祖国大地上，做了一些初步的尝试，包括气象预测和自来水的浑浊度处理等。一个直接的感受是，很多问题是以前纯做学术研究发现不了的。而企业或其他应用型单位对实际问题有丰富的实战经验，理解也比学校深刻，能提供更贴近实际问题的指导或建议。相互合作，确实可以促进学术成果的有效转化。

其次，通过与企业进行良好的沟通，学校的研究团队也能更有效地处理从企业或其他应用型单位获得的数据。比如我们之前和上海某自来水厂的合作[2]。拿到的水厂数据，我们检查后发现，有好几处数据出现过大量的缺失值或 0 值。如果直接把数据丢进程序里运行，肯定会报错。一开始我们百思不得其解，后向水厂相关人士询问我们才知道,原来是水厂需要对控制阀门进行定期检修,检修期间没有输出,但缺失值仍会被记录到数据中。另外,为了保证某些传感器的工作是正常的,程序员会有意在其工作过程中定期给一个最大值,以实现自检。这些状况都需要跟其他单位的专业人员进行沟通才能清楚。类似的情况很多,如果缺乏沟通,只用科技论文中常用的公用数据、仿真数据,是无法解决实际问题的。

最后,与企业的合作能够较好地实现"写"的平衡。很多应用是一个系统工程,不是说形成了理论性的创新就能"写"了,也不是说"写"好就没事了。系统工程,往往意味着需要与多个已知的技术和方法进行互补才能完成。而做已知技术的融合,可能并不是学校关心的重点。另外,如前所述,应用性成果往往涉及后期的维护,需要有稳定的人员投入。通过与企业的合作,将后期的维护及系统工程的搭建更多地交到企业一方,有利于解放科研院所的学生,让他们去研究新的科学问题和应用。比如我们小组与上海中心气象台在强降雨、短临预报等方面的合作,从一开始完全不知如何下手,到后面找到合适的解决方案,再到将建好的系统交付,由中心气象台专业人员来负责重新学习和训练业务上的模型,而我们再接着研究其他新的气象预报问题。在这一合作模式支持下,我们小组前前后后在上海中心气象台上线了超过 4 套的气象预测模型。

▽ 容易被忽视的专利

专利也是写"应用"的重要一环,它在一定程度上保护了科研成果的知识产权。通常专利包括发明专利、实用新型专利和外观设计专利 3 大类。对企业来说,专利的意义非常大,因为它意味着哪些自己能做,哪些只能通过获得其他企业的授权后才能使用。正因为如此,2013 年 9 月 3 日,微软花了 72 亿美元收购了已破产的诺基亚手机业务及其拥有的大量专利组合授权,其主要原因也就是看重了诺基亚的专利。

专利有简单的,也有复杂的。简单的,也并不意味着不值钱。比如当年苹果手机的滑动解锁就是一项专利,虽然简单,但很实用。后来,三星在授权协议未谈妥的情况下使用了与苹果此项专利类似的设计,结果被苹果公司以侵犯专利权提起诉讼。2016 年,美国联邦法院判决三星确实侵犯了苹果的专利权,包括滑动解锁和其他苹果平板电脑的专利,认定其需向苹果公司赔偿 1.196 亿美元。

然而,对学校而言,由于评估体系,申请专利往往不太受到重视。但如果真希望做落地的应用,这一块应该引起足够重视。要申请一项专利,以发明专利为例,其申请流程大致如下。导师与学生按专利书的要求写好专利，并与如学校指定的专利代理公司交流和完善内容，确保申请书能将期望保护的权责覆盖完整，以及确保申请的专利不会因为存在过分夸大的描述而被驳回。达到要求提交后，往往一周左右能够获得专利的申请号。但要获得专利授权号和证书，则可能需要 1~3 年时间。

写发明专利有个比较省力的做法，就是每写一篇论文就同时写一个专利。但这里会碰到论文发表期望的公开代码和专利申请期望的保护成果之间的矛盾，因为如果论文代码公开了，那有可能别人会通过一些办法避开专利想要保护的内容，结果专利没有起到实质性的保护作用。所以，并不是所有的成果都一定要写专利来保护。现实中，确实也有很多公司是不通过专利来保护自己公司的成果的。

另外，专利维护也是一笔不小的费用。有些学校负责专利前三年的维护，后面的费用由导师组自己交纳，此时需要导师组权衡该专利是否值得继续保持。当专利项目较多时，肯定是要做必要的取舍。值得注意的是，目前国内高校在专利的转让上面，正在逐渐加大原创科研人员的占比。因此，可以期待，未来在这一块科研人员会有更好的分配方案。

当然，要真正把应用做好，写到祖国大地上，实际问题不是三言两语能讲完的。但我相信，如果学校的研究团队能根据自己的研究现状，适当选择与自己研究方向相吻合的应用，不怕麻烦。而企业也多些耐心，多把问题向学校研究团队进行明晰的呈现，彼此做好充分的沟通，就会获得好的落地应用，学生也能在这一过程中得到好的实际锤炼。

参考文献：

[1] 科技部. 科研人员要勇挑重担，全力投入科技攻关任务，把论文写在抗击疫情的第一线 [EB/OL]. [2020-01-29]

[2] LIU Y, ZHANG J, CHEN L, et al. SSAS: Spatiotemporal scale adaptive selection for improving bias correction on precipitation[J]. IEEE Transactions on cybernetics, 2021.

22 科研后浪

> 经常能听到句玩笑话，长江后浪推前浪，前浪躺在沙滩上。

▽ 青年的年龄定义

对于研究生来说，做科研工作的后浪，其实不失为一个好的选择。为什么呢？因为科研领域里，对青年在年龄上的定义很宽松。按国家自然科学基金的人才项目定义，科研人员在38岁以前（女性40岁）可以申请国家自然科学基金的优秀青年基金；45岁可以申请国家自然科学基金的杰出青年基金；如果去到西部，47岁也能申请"杰青"。如果转到管理学部，55岁还是杰青，西部57岁仍是杰青。所以，在科研领域，能做后浪的时间相对要长一些。当然，除了年龄的界定外，后浪的心态和特质，如能保持，对科研也很有用。

那么，科研的后浪应具有哪些心态和特质，才适合做科研呢？有强烈的好奇心和求知欲；敢于冒险，跌倒了、失败了也无所畏惧，愿意走出自己的舒适圈；勇于挑战权威、挑战极限；愿意花心思去奇思妙想；充满自信。总之就是，不甘于落入俗套，有着更多选择的权利。

▽ 后浪的求知欲

首先，**后浪要有强烈学习新知识的欲望**。在科研上，愿意花大量的时间阅读文献，发现自己的不足。事实上，现阶段的后浪在求知这点上是比较幸福的，因为现在有大量的网络资源可以利用。不仅有代码共享网站 GitHub，还有能快速查找最新文献的 arXiv。也有相当多的 Up 主在各种视频、音频网站上传的免费课程资源，而且不少资源是允许加速浏览的，这使得这一代后浪的学习速度要快不少。相比而言，我记得 2000 年我博士刚毕业时，我只是做了个流形学习和主曲线的文献整理网页，浏览量就相当多，因为当时还缺乏有效搜索专业方向文献的搜索引擎。而今这类工具已经很多了，不再需要自己去花时间额外整理。

▽ 抗打击能力

其次，**后浪应不怕失败**。若唯成功论，那科研工作无疑是高风险的，因为研究中不确定的因素太多。比如，想到的一个模型可能在理论上已经证明其是可行的，但一进行实验，有可能就完全行不通。因为数据中存在的噪声或一些未知的控制变量，并未被计入理论上已验证的模型中。那这种情况，要么得从失败中寻找可能的解决方案，要么得推倒重来。除此以外，如果成果不具备太明显的先进性，或者未能形成一篇有说服力的论文，这都可能让后浪在投稿阶段再次体验失败。这些都需要后浪们面对失败有更强的抗打击能力。如果用个形象的比喻，我觉得后浪应该有日本动漫作品《灌篮高手》里樱木花道那样的抗打击能力。在安西教练批评他投篮命中率低时，他仍然认定自己是天才；在初中三年被女孩拒绝了 50 次后，还仍然相信爱情。

▽ 走出信息茧房

再次，**有勇于冒险的精神和走出舒适圈的魄力**。科研做到一定年限或达到一定成就时，很容易陷入哈佛大学教授凯斯·桑坦斯（Cass Sunstein）提出的**"信息茧房"**困境中。就是只关注自己研究的领域，乐于在自己已有的成果上小修小改，得到能让自己愉悦的成就感。但久而久之，就有可能会像蚕一样，将自己和自己的研究桎梏进自己编好的茧房中，以致丧失了全面评估科研方向的判断力。而后浪往往没有这些约束，更适合走出舒适圈，探索无人区。

▽ 创新能力强

最后，**善于形成新颖的创新思路或方法**。年轻的后浪有可能在科研基础方面相对薄弱，但并不影响后浪形成有创新性的想法。因为并非所有的科学问题都需要深厚的基础。很多科学问题的答案，是事实摆在那里，但多数人会视而不见，与发现真理的机会擦身而过。就像爱因斯坦提出的狭义相对论，假设了光速不变性和相对性后，推导出相应的结论并不困难，但并非所有人都有这个直觉。而在现今的计算机视觉和人工智能学习领域，也有一些简单直观且有意思的方法。比如之前CVPR（Computer Vision and Pattern Recognition，计算机视觉与模式识别会议）的论文中，利用傅里叶频谱的关系来做图像中显著目标的检测[1]、用黑通道先验来实现图像的去雾[2]，以及最近ICLR（学习表示国际会议）发现补零技术（Zero-padding）在深度学习中对图像注意力中心位置的影响[3]等，都属于非常直观、技术难度不大，但又很有意义的创新。

▽ 碎片化时代

但年轻的后浪们在进入科研领域后，想把科研视为自己的终生兴趣也并非就没有困难。和前浪相比，也不是百分之百地有优势。首先，基本的物质基础不太一样。绝大多数前浪解决了的房子问题，对于无根基的年轻后浪来说，购房压力是巨大的。如果他们决定从事科研工作，选择学校的因素之一也许是学校能否提供可以在当地购房（或付首付款）的安家费。其次，虽然后浪有着更广阔的选择机会，但机会多是利弊共存。它意味着有可能无法单纯地去专注一件事，比如科研。信息的碎片化增多了获取信息的渠道，但也意味着大家无法长时间去学习一件事情；而企业高薪的诱惑也可能让多数后浪在研究生学习阶段就需要花更多时间去准备与企业面试、实习相关的事情，把时间的天平偏向就业，而不是科研上。

"股神"巴菲特曾说过他选择继任者的标准："（希望）他已经非常有钱了，他不用担心要赚更多的钱，这是第一个条件，而且已经工作了很久了，他已经非常富裕了。他并不是因为今天能赚10倍以上的钱才来这里工作，这是第二个条件。"科研何尝不是如此呢？但现实的骨感，往往让大多数人很难心无旁骛地去做纯粹的科研。

另外，如前所述，科研有着较大的不确定性，一项研究的失败概率也不低。如果缺乏自信和坚持，不能妥善处理失败，不敢挑战自身的极限，很容易打退堂鼓。

以上大概就是后浪在从事科研时的一些优势和忧患。

也许，年轻的后浪们今后还得多承担些民族和国家振兴的任务。所以，后浪们，也可以考虑一方面借助前浪的经验，一方面依赖自己的独特优势，成为奔涌的"巨浪"，如1934年田汉填词、聂耳作曲的《毕业歌》里唱的那样：

我们今天是桃李芬芳，

明天是社会的栋梁；

我们今天弦歌在一堂，

明天要掀起民族自救的巨浪！

巨浪，巨浪，不断地增长！

同学们！同学们！

快拿出力量，

担负起天下的兴亡！

参考文献：

[1] HOU X, ZHANG L. Saliency detection: A spectral residual approach[C]. IEEE Conference on computer vision and pattern recognition, 2007, Minneapolis, MN.

[2] HE K, SUN J, TANG X. Single image haze removal using dark channel prior[J]. IEEE Transactions on pattern analysis and machine intelligence, 2011, 33(12): 2341-2353. (注：本文为CVPR2009年论文的扩展版)

[3] ISLAM M A, JIA S, BRUCE N D B. How much position information do convolutional neural networks encode?[C] International conference on learning representation, 2020.

23 冷门、热门研究

> 2020 年 9 月 11 日下午，北京召开了科学家座谈会并讨论了科研创新。会议特别强调了要"加快解决制约科技创新发展的一些关键问题"及要"大力弘扬科学家精神"。在会上科学家还提到了对"冷门"研究的看法："对冷门怎么看？按一般概念，一些冷门的东西没有用。这种认识可能把一个领域的事业耽搁了。做科研事业的评估，要有长远的眼光、世界的眼光、科学的眼光。"
>
> 那么要怎么做"冷门"研究呢？除了基本的科学素养，可能最需要的是信心，一颗能帮你耐得住寂寞的坚定信心。

▽ 人工智能的"冷门"研究：统计学习

在人工智能领域，有两个很经典的冷门研究的例子。一是统计学习理论的建立。这大概可以追溯到 1963 年，Vladimir N. Vapnik 和 Alexey Ya. Chervonenkis 两位科学家提出了能刻画划分样本最大数量的 VC 维（用他们俩姓名的首字母命名），并以此来表征一个学习器对未知样本的预测能力或可推广能力。但是，在当时，多数研究人员只是把这一概念看成是统计学习或模式识别领域的纯理论研究成果，并没有多少人认为可以基于此概念进一步形成实际可用的算法。所以，跟进研究的人并不多。时间一晃就是 30 多年，Vapnik 一直在坚持着可推广或泛化理论的研究，即寻找模型对未知样本的预测能力。在他的《统计学习理论》一书中能看到这一理论的演化过程，从 VC 维过渡到了生长函数、退火熵，一步一步地在向实际可用的算法接近，最终得到了能帮助构造实际分类算法的最大边缘。在这两类情况下，分类器的构造就因此变成了找两类数据处在最大边缘上的支持向量。而构造出来的分类器也因此被称为支持向量机（Support Vector Machine）。1998年左右在一个人工智能最常用的美国邮政编码数据集（MNIST）上，它的学习能力一举超越了当时最好的神经网络的性能。因为它既有理论保证，又有相应的实际算法，且性能优异，很快，人工智能的科研人员都意识到它的重要性，开始跟进统计学习这个方向的研究。于是，自1998—2012年，统计学习几乎主导了人工智能领域的新进展。

▽ 人工智能的"冷门"研究：深度学习

另一个例子是加拿大多伦多大学的Geoffrey Hinton教授研究的神经网络。在统计学习开始流行后，大家回顾第二波人工智能热潮，把1985—1995年左右流行10余年的神经网络成功的原因归结为：用于优化神经网络的反向传播算法把神经网络重新带回了人们的视野，仅此而已。这使得绝大多数人工智能及相关领域的研究者从神经网络研究中抽身离去，转向统计学习的研究，持续了近15年。然而，Hinton仍然在坚持神经网络方面的研究，到2006年首次提出了深层神经网络的概念。但当时大家仍然是将信将疑，并没有太多人工智能的科研工作者迅速回到神经网络的研究中。直到2012年，Hinton带着他的学生Alex一起提出了AlexNet网络模型，在当时最大的图像识别数据集ImageNet上获得了优越的预测性能。其结果比已知最好的统计学习方法性能高了10个百分点。按大家的乐观估计，这10个百分点的提升，如果要通过统计学习方法来实现，需要近20年时间。这使得大家又重新意识到神经网络的重要性，人工智能的科研工作者才大规模地转回了深度神经网络的研究。而这一过程中，Hinton及其他神经网络的研究者在这一相对冷门的方向上已经坚持了近14年。如果算上从最初神经网络开始兴起的时间，那坚持的时间就更长，差不多有30年时间。当然，Hinton于2018年获得图灵奖，也可以算是计算机学界对他这份坚持的最高认可了。

▽ 深奥的数学基础

这算是两个非常幸运的关于冷门研究的故事，毕竟冷门最终都转成了热门，且还都在人工智能领域各领了风骚，或十余年或几十年。然而，多数冷门方向不见得有这么幸运。其原因很多，比如背景理论要求太高，思想太过超前和看不到"钱景"，等等。

具体来说，背景理论要求太高，容易导致学生产生畏难情绪。比如人工智能研究中，有些方向需要用到微分流形甚至代数拓扑知识，如分析高维度数据的内在低维结构的流形学习（Manifold Learning），以及寻找数据内在拓扑结构的持续同调（Persistent Homology）。但多数研究生可能不具备这么强的数学基础，或者花费很长的时间学习依旧不得其门而入，因为研究这类问题，不仅要数学基础好，还得有能将数学理论与实际问题建立起关联的直觉思维和抽象思维能力。

▽ 超前的卡尔曼滤波器

类似的情况，在思想太过超前时也会出现。在这种情况下，还有可能出现做的工作不被同行认可，以至于投稿无门的情况。如在 19 世纪 60 年代控制领域为频域派占主导地位时，鲁道夫·卡尔曼（Rudolf Kalman）提出的，在动态系统上使用时域微分方程模型的卡尔曼滤波器，就曾一度不被看好，只能在不太入流的墨西哥数学学会通报发表这一项在最优控制理论上的奠基性工作。

▽ 热门方向与成就感的冲击

另外，看不到"钱景"也有可能让研究生在选择方向时不偏好冷门。如目前的人工智能研究，多数应用性研究都集中在图像、计算机视觉和自然语言处理上，采用的模型也多与深度学习相关。而企业在招人时也很看重在这些方向上的成果，以致学生在选题时，会偏向这些研究方向，而很难有动力去考虑冷门的研究。

除此以外，还有成就感的问题。因为冷门方向，即使有了些许的成果，也有可能得不到广泛的关注，极端情况甚至会出现，发表的论文长时间只得到 0 次的引用。这也会从收获不到大的成就感方面间接打击学生对冷门的热情。

不管是哪种原因，这些冷门研究还有一个共性，就是研究的时间跨度通常都比较长，即使是能变成热门，有可能也会超越一个研究生从入门到毕业所需的时间年限。对多数学生来说，如果选择了冷门方向，有可能只是充当了让该方向成熟的一分子，或一颗螺丝钉，或者说前 6 个烧饼之一。而且还要冒对方向判断失误的风险，毕竟科学研究本身就是一种探索，如果能完全预知结果，那就不叫科研了。

那么，我们该不该选择冷门研究呢？如何选择冷门研究呢？如何支持呢？

▽ 短板问题

首先，该不该呢？从国内外形势来看，基础核心技术如芯片、操作系统及数学物理的基本理论等对很多应用的发展至关重要。而这些基础从市场或科研的角度来看，属于耗时费力的冷门方向。但如果不重视，很有可能在当下或未来成为短板问题。所以，冷门研究要有人去选择，有些方向甚至还需要重点投入。

其次，如何选择呢？通常来说，这主要是导师应该做的事，但有远见的研究生也不鲜见。作为导师，能力之一是要对研究方向有敏感性，能够基于自己以往的研究经验和专业知识判定哪些冷门方向是值得去探索的，并且有魄力、毅力和胆识将这一方向持续研究下去，不管这一方向的提出是源自导师自己还是源自学生。同时，在大环境不允许的情况下，有时候需要导师自己先做前期调研和探索，避免学生走不必要的弯路。

而对于研究生来说，遇上冷门方向则需要沉下心，全方位了解该方向的优势和不足，多读文献，多做实验来寻找突破口。也需要做好心理准备，不要受周围做热门方向且不断有小成果的同学影响。当然，如果内心对这一冷门方向，有着强烈的兴趣和好奇心，那是最好不过的，因为这才是真正推动科技进步的原动力。

最后，如何支持呢？管理层的支持是不可或缺的。比如从国家层面来看，自2019年开始，教育部在高考环节推行的基础学科招生改革试点，即强基计划，希望能选拔和培养有志于服务国家重大战略需求且综合素质优秀或基础学科拔尖的学生。从某种意义上，这也是在鼓励一部分本科生能从事冷门方向的工作和科研，以便未来形成重大突破的成果。

虽然这个计划很不错，但仅限于本科生的选拔。而要解决我国的短板问题，更需要国家对冷门研究在经费上有更多的投入，在研究生数量上给予如类似强基的研究生教育计划的支持。而从教育部门来说，在评估标准上也可以有适当的宽容，如在论文发表档次、引用次数或ESI指标的考核、学生毕业论文的要求及每年绩效考核如项目的数量等上做一定的淡化。对企业来说，也可以在招聘从事冷门方向研究的研究生时给一些优惠条件或待遇，如免去笔试，直接进入面试。或者政府出台政策，如企业招收冷门方向的研究生可按比例来免税。

有了多部门、全方位的支持，加上导师对前沿的敏感嗅觉，以及研究生的持之以恒和深入研究，相信在冷门和短板的研究方向上，也会持续地结出好的科研硕果。

心理暗示与挑战极限

2020 年 1 月初，我在和我的研究生商量寒假放假的时间，大家都希望早点儿确定，以便能提前买好车票回家过年。我们约定 1 月 10 日放假，大家一致同意，表示春节后会尽快返回。万万没想到的是，这个寒假如此之长，变成了真正意义的"寒暑假"。

经过这么漫长的假期和见证了疫情的影响，每个人的心态都有了一些变化，有正向的，也可能有负向的。那么，如何能让研究生们尽快找回自我，回归正常的科研节奏，更好地明确未来的人生定位？也许，心理暗示与调适是非常重要的。

▽ **维修工的心理暗示**

心理作用对人生的规划是有重要意义的。虽然中学的思想政治书里都强调了物质决定意志，但也没否定，意志对物质有能动作用。所以，适当地做些正面的心理暗示，有利于研究生学业的顺利完成。我这里先讲几个我自己的例子。

我大学毕业后，被分配到当地的煤气公司工作，然后就修了两年煤气灶具。那天跟同事维修完煤气灶，在回单位的路上，手上拎着个刚换回来的煤气表，我随口对同事说了句：我觉得应该能去个更高点儿的地方工作。他笑了笑。我估计他觉得可能性不大吧。天天在外面维修煤气灶、热水器，再高能高到哪儿去呢？在煤气公司做个技术方面的小领导估计也就到顶了。

图 24-1 作者在维修煤气灶具

一晃 20 多年过去了，我从煤气公司的修理工到电气工程师，再于 1997 年到湖南大学攻读硕士研究生，2000 年到中国科学院自动化所攻读博士研究生，2003 年博士毕业后来到复旦大学计算机科学技术系，2011 年评上教授。现在，我在大学做着自己特别感兴趣的与人工智能相关的科研工作。每每回想起那句话，就觉得正面的心理暗示是能够提升和坚定一个人的人生定位的。

实际上，我很早就有过对心理暗示的学习。记得大学刚毕业时，有一天我就特意跟大学同学一起，去书店买了一本日本作家多湖辉写的书《如何暗示自己》。当时确实认真读了，但时间太久，具体内容忘得差不多了，只还记得"多给一些正面的暗示，就更容易成功！"这样的结论。

▽ 挑战极限

还有四个字的心理暗示，我觉得对我也挺有用的，就是"挑战极限"。我碰到过一些学生，给我的印象就是比较容易满足现状，不愿意尝试一些稍微超出自己能力范围的工作或研究。其实，只要方法得当，通过努力，每个人的能力都能较自己现有的水平有一个大幅度的提升，尤其是对于那些尚处于可塑性强的时期的研究生来说。再以我为例来说。当年考湖南大学的硕士研究生时，我已经工作了五年。所以，在已经不太熟悉研究生考试是怎么回事的情况下，我能考进去已经算幸运儿了。而进校后，首先就是考英语，按成绩分班。我的英语测验成绩自然排在后面，不过还不是最差的。我被分配到的英语班分数比学日语的稍好一点。

到研一接近暑期的时候，我突然想提升下自己的英语水平，于是就跟着室友一起开始学GRE（Graduate Record Examination）。那会儿不想给家里添麻烦，为了省钱，没报名去北京的某著名培训机构学习，就自个儿自学了，背背单词，做一些"考G书"上的习题。不过那个培训机构有个名言——"挑战极限"，在当时很知名。我也一直用这句话鞭策着自己。

近半年的英语强化学习下来，虽然过程很艰苦，但结果是甜蜜的。1998年11月的GRE考试分数下来，据说我的成绩在湖南大学"考G群"排第三。开心之余，觉得"挑战极限"这四个字确实给了我莫大的心理暗示。有了这样的经历后，在随后二十多年的科研中，我也不会畏难了，比较喜欢挑战一些困难的科学问题。比如我博士选的方向，流形学习，就是在我对此方面毫无基础的前提下，凭着一股好奇心和挑战极限的心态钻研进去的。

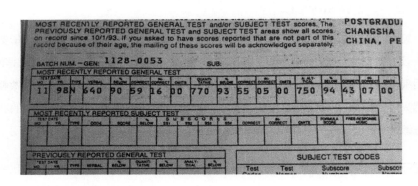

图24-2 作者在1998年的GRE成绩

▽ **导师的经验**

另外，对研究生来说，除了自我暗示，导师的建议和引导也很重要。我来复旦大学工作有一段时间了，以前经常会在出去开会期间，跟我的博士导师王珏老师顺便见个面，聊聊近况，汇报下新的研究进展。记得有一回，他跟我说起杂事和学术之间的平衡。他建议我，能做得动科研的时候，就少掺和其他事情。我觉得挺在理的，每每想放手科研，就会想起他这句话，掂量下自己科研能力是否还在。所以，我至今仍然把主要精力放在科研上。

▽ **天道酬勤与抗干扰能力**

作为学生来说，除了需要正面的心理暗示和指导外，还需要积极看待读研期间可能面临的不利情况，学会调适和摆正自己的心态。

比如研究进度有快有慢，比如辛辛苦苦写出来的论文被评审批评，或者论文一再被拒，这都是非常正常的，但应该记住"条条道路通罗马"，只要全力付出了，将研究生应有的基本能力掌握好，总会有回报。哪怕是研究生期间没有形成好的成果，也应该明白，人生是长跑，后面还有很长的一段时间来帮助调整和提升。

有些学生对环境比较敏感，受不了相对嘈杂的环境。从某种意义来说，这是抗干扰能力不够引起的，也可能与从小学习环境过于强调安静有关。这也不妨给自己一些心理暗示，假想未来的工作环境就是如此，但自己也照样能做出好的成果。

▽ 美食与运动

另外，当你心情比较压抑时，也可以考虑在饮食上做些改善。比如近两年比较流行的医学观念认为，肠道菌群扮演着第二大脑的功能，甚至有可能会影响人的心情。因此，尝试点儿美食，或许能促进肠道菌群的正向活动，说不定能帮助减缓科研带来的身心压力。如果担心这种方法容易导致体重增加，也可以适当增加锻炼。毕竟，锻炼导致的多巴胺分泌，是能进一步让人愉悦的。

▽ 共处与多肉植物

除此以外，也许研究生还可能会面临到与心理上存在障碍的同学相处的问题。这一点我觉得不妨像某些国家小学对待唐氏儿的方式，即不设特殊学校，不区别对待，让唐氏儿在正常的小学读书。小朋友们见得多、习以为常了，彼此就能更好地相处。类似地，研究生培养中，也可依葫芦画瓢，自然就不会引起心理上存在障碍的同学的不适。这样的话，也有助于正常的研究生和有轻微心理障碍的研究生在校期间的学术交流和合作。

而在学习硬件环境方面，不妨在经费允许的前提下，适度营造相对舒适的氛围。比如在实验室里养些多肉植物，购置有腰托的椅子或能站立办公的桌子，诸如此类。通过改善共处的环境，也可以或多或少帮助调适研究生的心情。

当然，研究不可能都是一帆风顺的。如果对于提出的问题立马就能知道答案，那这就不是一个好的、有深度的问题。既然要挑战科学问题的极限，就得有遭遇失败的心理准备。但只要记住："心有所信，方能行远！"研究生的科研生涯就不会白费！

好奇心与细节，决定成败

> 好奇心（curiosity）对科研来说，是至关重要的。没有好奇心的科研往往是被动式、跟随式的，很难更上一层楼。但如何培养好奇心是值得思考的。有人说，好奇心是天生的。比如当年我准备读研时，父亲不太同意，担心我没有读研的能力。而我父亲的中专同学，也是看着我长大的长辈，就劝他说："我记得你儿子小时候，连蚂蚁都能盯着看一个多小时，他肯定可以的。"这句话，也许在帮助我转到科研道路上，起了正面的心理暗示作用。
>
> 所以，最初的好奇心可能是源自本能的需要，能帮助我们更好地了解新世界，知道哪些可为、哪些不可为，以便形成基本的生存能力。但好奇心有可能害死猫，尤其对熊孩子来说。所以，好奇心有的时候还需要正确的引导。

▽ 重拾好奇心

对于研究生来说，需要在读研期间重新激活好奇心，因为目前不少中学的教育模式是应试驱动、以高考分数为目标的。在这种目标导向下，刷题形成条件反射自然能提高考试时的解题反应速度和得分。然而，其副作用也很明显，即容易让学生对学习失去热情和兴趣，进而失去探索与学习相关的新鲜事物的好奇心。而课堂教学和课外辅导对教学进度的加速，也让学生无形中少了足够的时间去培养科研所必需的批判性思维。甚至有极少数学生会在进入大学后，就彻底放飞自我。除此以外，还有一些学生在读研前，并没想清楚自己在科研上的兴趣所在，也缺乏对未来的准确定位。

要让这些学生在研究生阶段取得成果，一方面导师需要多花点儿时间沟通，发现学生兴趣所在，找到与实验室的研究课题相吻合的方向，让他们产生好奇心。另一方面是帮助其收获成就感。成就感的来源，有可能是提的改进方法奏效了，也有可能是实验成功了,更有可能是论文发表了。这些都可以激发和保持他们的好奇心。

▽ 成就感

可是,成就感并非想要就能有。要获得成就感,一个有效的策略是学会"细节决定成败"的思维方式。为什么细节很重要呢?以学唱一首歌为例,唱得好则声情并茂、韵味十足;唱得差则总会觉得哪里少了点儿东西。其实这里缺失的就是细节,如旋律的准确复现、强弱的表现力、每个字的发声位置、气息的吐纳方式、节奏的控制,以及对歌曲的情感理解等。所谓差之毫厘,谬以千里,实际上就是对细节的把握,对极致追求程度上的差异。

▽ 细节决定成败

再回看研究生期间的科研,有哪些细节应该做到极致呢?以论文写作来说,刚有点

图 25-1 细节决定成败

儿成果想写成论文的学生,部分会有急于求成的心态。然而,多数情况下,一个没科研经验的学生写的文章跟竹子编的篮子差不多,用它去装水的话,显然会漏洞百出。一篇文章里能挑出很多小的细节问题,比如逗号前多余的空格、引用论文的符号放错地方、行间距设置得全文不一致、段落首行是否应该缩进、公式与正文间是否多了空行、公式紧接着的参数说明段落首行不需要缩进等。有些问题,本可以通过软件纠错、打印纠错、学生间相互纠错来完成,但粗心或没经验的学生都容易忽略。如果直接把这样的论文投稿,那收到的评审结果肯定是不容乐观的,被批评得体无完肤都有可能,何谈什么成就感呢?所以,如果希望在论文上收获成就感,不妨在论文写作方面把自己训练成完美主义者,对自己的研究成果做吹毛求疵的雕琢,才能更好、更有效地获得成就感。

不仅在论文写作上要注意细节,在科研的其他环节也是如此。如在实验上,假如发现设计的模型有好的性能,就不能马上收尾写总结报告了事。而应做更细致的分析,通过科学设计实验来保证实验的可信度和可重复性,通过在不同数据集上检测模型的可推广性,通过分析各个参数的影响来发现其中的规律和可解释性。同时,也要思考提出模型的局限性，为进一步提升模型的性能找到潜在的突破口。实验越精细，方法越能经得住时间的考验。类似地，在算法设计、理论证明上也应该如此，这里就不再赘述。

▽ 自律拉大差距

科研中的自律也是研究生生涯中细节的一种表现。有些学生可以三年如一日地来实验室，坚持不懈地完善自己的科研能力；有些学生则容易受周围同学的影响，别人不来自己就不来了；也有些学生是三天打鱼，两天晒网，导师不说他就不来，导师说了就象征性地来几天，好像读研是读给老师看的。殊不知，读研归根结底是为了提升自己的能力，是在优化自己的未来而非导师的未来。虽然自律只是研究生生涯里一个小的细节，可毕业时和工作后的能力差异是近似与自律成正比的，是自律拉大了差距。

▽ 坚持与毅力

细节的修炼说起来容易，但要面面俱到还需要坚持和毅力。研究生生涯，说长不长，虽然只是人生路上的一场马拉松比赛，但却很关键。有些人在完全没跑过，根本不知道这有多难的情况下就夸下海口，说要330（即每千米4分58秒的配速，3小时30分跑完42.195千米的马拉松）跑全程。结果开始发力太狠，早早退赛了。这样目标过于远大，完全不看细节，实际是实现不了的。还有些人爱喊口号，从不做任何平时的针对性训练，真跑起来就跑不动了。这是疏于对细节的钻研，不注重对个人能力的提升。能坚持跑到终点的，并能坦然接受更多马拉松比赛的，多是平时会坚持训练，一点点逐渐加量、加速、加步幅的。而在细节上的精练，会让人得到全方位的能力提升。

总的来说，如果能学会把对细节完美的极致追求，变成研究生生涯中的潜意识反应，就更有可能让自己的好奇心变成稳定的动力，在研究生期间和未来的工作科研中收获更大更多的成果。

26 师生——兔子的玄武湖

研究生在读期间,导师的指导方式千差万别,有的身先士卒,有的潜移默化。从导师本身来说,可能更像是马拉松比赛中领跑的兔子。2020 年 10 月 17 日在南京开会时,我早上绕南京玄武湖跑了一圈,有所感悟后写了这篇文章,借跑步来聊聊师生的关系。

知识点:在马拉松比赛中,选手担心自己跑不动时,会找个擅长长跑的人带着跑,那个人俗称"**兔子**"。马拉松比赛的时候,会安排很多不同配速的兔子,选手们按自己的配速能力跟着跑就行了。

▽ 玄武湖的兔子

南京是六朝古都,秦淮河蜿蜒穿过,残存的古城墙仿佛在提醒着人们曾经的辉煌。古城墙下,便是美丽宜人的玄武湖。

作为跑步爱好者,兔子在玄武湖已经跑了十余年了。除了自己跑步,平时爱做的事是在这里带入门者,学跑长跑。说长跑其实也不长,玄武湖一圈约 10 千米。

兔子去过不少地方,见过不少跑者,天才型的都成为职业选手,满世界跑去了,但在玄武湖能见到的最多是略有些天赋的跑者,更多的是每天来打卡的爱好者。

兔子年轻时跑得马马虎虎,虽然跑的成绩完全没可能站上领奖台,但对于普通爱好者来说,成绩吹吹牛还是足够了。不过时间飞逝,自己也没啥太大的追求,所以不再刻意去提升自己的跑步水平。但之前跑步攒下来的经验,兔子还是愿意分享给新来的爱好者。

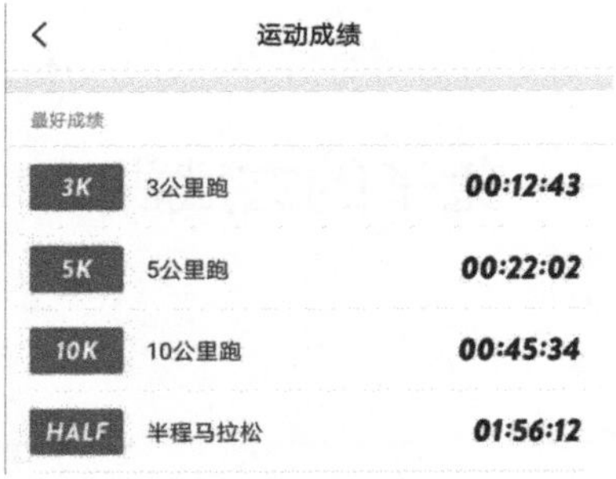

3K	3公里跑	00:12:43
5K	5公里跑	00:22:02
10K	10公里跑	00:45:34
HALF	半程马拉松	01:56:12

图 26-1　兔子的跑步成绩（截图来自作者的咕咚记录）

而想跟兔子学习长跑的爱好者，大致也清楚自己的入门级水平，也了解过兔子常跑的配速。兔子要做的事，就是帮助联系他的那些爱好者提升在玄武湖的跑步水平。

▽ 兔子的小技巧

要跑完、跑好玄武湖且不受伤，还是有不少小技巧值得学习的。首先是跑姿，专业的步幅特别大，腿向后摆时脚能踢到屁股，这样的好处是滞空时间长，步幅自然增大许多，在相同耗时情况下，同样的距离，专业选手的步频要小得多。但步幅大也意味着要用更大的力量去抗击地心引力。完全没进行过全方位系统训练和核心力量练习的爱好者，按这种姿势跑长跑，体能很快就会耗尽，能否坚持跑 2 千米都值得置疑，更不用说玄武湖的 10 千米了。所以，兔子想建议刚学跑的跑者，可能刚开始用更省能量的、与走路最相近的自然跑——即高步频和与走路一样宽的小步幅，来跑步会更合适，比如每分 180 步的步频。要提速，可以先增加步频再增加步幅，再通过身体向前倾以便巧妙地利用地心引力加速。当然，关于改进跑步的技巧还有很多，兔子会把他知道的，循序渐进地教给爱好者。

▽ 控速与防捧杀

兔子分享的另一个经验是，控速。比如起跑的速度不能太快，最好先热身，让身体关节肌肉都有了一定磨合后再跑。跑之前也会根据对爱好者的了解，提前规划配速，逐渐把速度提上去。在陪跑的过程中，该加速的时候会提醒爱好者，跑得过快的时候也会有意放慢，让爱好者不至于过早把体能消耗掉。尤其是有些新来的爱好者，可能某些条件比较突出，比如年龄优势明显、一路都是免试、拿过不少国奖之类的，很容易因为得到周围跑者的夸奖而飘飘然。殊不知这种行为，表面看是正面的，实际上也可能会造成"捧杀"，会让人过分骄傲自满，不知不觉变得后继无力、停滞不前甚至退步。而其他跑者可能在有意无意捧杀的同时，还在发狠猛练自己的科研水平。结果，等被捧杀的人醒悟过来时，有可能已经没有追上去的机会了。

不过，关于控速这一点，兔子也不是一直都能做好，因为并非每个爱好者都是可训练的，不是每个人都听得进兔子的意见。碰到这种情况，往往兔子就成了摆设。如果爱好者天赋异禀，那还好，当兔子捡到了宝。但如果爱好者只是一个完全不清楚自己水平的人，那跑不完全程、提前退出或者跑得极慢达不到期望目标就成了必然。

▽ 示范、毅力和狂热

兔子还有3个经验会分享，就是示范、毅力和狂热。一是示范。跟着兔子一起跑，兔子的一举一动都是爱好者能直接看到的，而不是电视里那种触不可及的画面。不仅跑的过程能看到，跑前跑后的行为举止也能直接看在眼里，学到心里。能成为兔子，肯定不是偶然的，有太多的细节原因，但兔子也不见得有时间把每个细节都详细解释。爱好者跟着一起跑，便有充分的时间"看"懂其中的门道。二是毅力。跑长跑是很容易放弃的，身体不爽、天气不好、雾霾重，各种原因。当人没跑完或不想跑时，理由是有千万条的。但如果跑完了，原因只有一个，就是坚持的毅力。三是狂热。有很多事情的成功，其实光靠基本的爱好、好奇心或一点点的热情是不够的。因为火苗太小，别人说点儿风凉话，自己找个借口，一浇就灭了。你只有对它处在狂热状态时，才会特别坚守自己的信念，所谓不以别人的意志为转移。兔子之所以是兔子，是因为他比常人更习惯这份毅力、坚持，更有着对长跑的狂热。对自己相信的东西，兔子会不畏人言，坚持下去。

▽ 回到起点的兔子

兔子带着爱好者跑完全程，跑到兔子觉得满意的水平，就得欢送爱好者离开了。多数情况下，这时爱好者的能力应该得到了明显提高。由于身体各方面机能更年轻化，在某些方面爱好者的能力已经超过了兔子。与兔子不同的是，爱好者有更多的机会去领略不一样的风景，向更高水平的兔子取经，或自己能一个人独自跑，或成为新的兔子。爱好者如果理解了兔子的那份坚持，心里又有远方，他应该会依葫芦画瓢，将自己的跑步能力做进一步的提升。

而玄武湖的兔子还得回到起点，继续去带新来的爱好者，再不厌其烦地将自己的经验分享给他们。唯一不同的是，玄武湖的兔子会老，而新来的爱好者几乎都是年轻的。

所以，总有一天，兔子会带不动了，还得把带新人的任务转交给新来的兔子。

有人可能会好奇，这么周而复始地绕玄武湖跑不累吗？带这些爱好者跑步不烦吗？关于这点，兔子不想多说什么，因为他每天都能欣赏到不同的美，玄武湖四季变迁的美、湖光潋滟的美、古城墙巍峨耸立的美、高铁在湖边掠过的美，甚至路边小草随风摇曳的美，美处处都有；他也能收获美，因为能看着那些爱好者从入门到适应，再到也能开始欣赏这些美，甚至发现和分享自己也未曾意识到的美。真是不亦乐乎，何谈累或烦呢？生活本是如此，如果你觉得它是美的，到处都是美的，反之亦然。

▽ 1024 的玄武湖

忘记说了，兔子以前的职业是学计算机的，在他的世界里，玄武湖的 10 千米最接近他的专业对 10 千米的定义，因为计算机中的每个开关只有 0 和 1 两个状态，而 2 的 10 次幂是 1024。如果以每增加 1 次幂视为 1 千米，再往上算，2 的 11 次幂会是原来全部跑过的 10 千米的 2 倍，而不是再简单地增加 1 千米。因为这个原因，玩家在游戏里想打等级高的怪，往往只有打等级次高的才能快速升级，只满足于原来的打小怪对升级来说几乎是可以忽略不计的。所以，兔子也希望带过的跑者离开玄武湖时，能用更强大的心脏去接受更高级别的长距离跑步挑战。

27 内卷下的学术诚信

> 2020年10月中旬,复旦大学环境科学与工程系马臻教授写的一篇关于读研的文章《读研真的很难吗?导师解答6点困惑》,发表在"科学网"及其微信公众号上,关于读研,他的建议非常翔实中肯。而文章的一个观点"研究生扩招后,有不适合读研的人读了研究生"也很发人深省[1]。

▽ 机会成本上升的竞争

的确,近年来研究生的数量增长明显。其原因一方面是人们对个人文化教育水平提高的需求上升了,另一方面则是现实问题,即机会成本上升了。直观来说,20世纪50年代,能读高中的人都不多,读完高中的人基本能分配到很好的工作。20世纪80年代末到90年代中期,能上中专都是初中班上成绩名列前茅的,不用上大学也能有"铁饭碗"。2000年后,大学毕业成了学生找工作的基本要求。而随着本科生人数的不断增加,大家发现本科学历在就业上已经没有优势了。即使拿到offer(接收函),找到工作了,也仍然担心。一是担心学历不够高,在单位不景气而要裁员时会成为优先被考虑的对象;二是担心自己学历偏低,影响今后在单位的升迁,毕竟现在有高学历如硕士、博士的人越来越多了。在学校的求职方面,这一情况也很明显。以前博士毕业就能找到教职,现在进好一点儿的学校必须有博士后甚至海外博士后经历,才有可能争取到相对理想的教职,比如直接给青年研究员的待遇。它的好处是,新引进的教师不必在进校后，再花较长时间完成从讲师到副教授的职称晋升。

▽ 无处不在的内卷

在这种机会稀缺的形式下，内卷（involution）就出现了。内卷是近年来的热门词汇，常指某个领域在过度竞争下，人们相互倾轧和内耗的情形。更通俗来讲，是指无实质意义的消耗。比如单位只要求员工工作 8 小时，并按 8 小时来付约定的薪酬，但有些员工仍然会在不要求加薪的情况下，主动延长工作时间，以 996（指每天早上 9 点上班，晚上 9 点下班，每周工作 6 天）的方式来工作。这就是自我激励或内卷的表现之一。

这种内卷在研究生生涯期间也能看到。以人工智能领域为例，以前学生发表论文的动力不强，而自 2012 年起，随着第三次人工智能热潮的来临，国内外企业对人工智能及相关领域的投入不断加大，对人才的争夺也达到了前所未有的力度。而在用人的标准上，较以前更看重研究生期间论文发表的质量和数量。有些公司在招人时，甚至直接将论文情况与薪酬对等挂钩，比如多一篇计算机视觉顶级会议的文章，年薪加 5 万元。学生显然也清楚市场在这方面的变化。结果，自驱式做研究的学生明显比以前多了不少。

诚信比一切智谋更好，而且它是智谋的基本条件

图 27-1　学术诚信的意义

▽ 避免简单问题复杂化

然而，在这样的大环境下，需要提醒学生注意两点：一是避免内卷的研究方式，即将简单的科研任务"复杂化"却无实质性的进展；二是避免内卷后出现的学术诚信风险。

第一点有可能是学生并没有真正把研究放在心上，而是花大量的时间去准备求职相关的面试、刷题等事情。结果，看上去他每天都来实验室长时间认真工作，但实际上从每周或每月提交给导师的技术报告就不难发现，其科研工作并没有多少实际进展。如阅读的论文数量没有变化，想做的研究还是停留在几个月之前就有的想法上，报告就像是挑了两三篇文章把摘要翻译后抄上去的，报告里也看不到学生对某一问题研究的思想升华，也能看出学生基本没有动手编过相关研究的程序代码，诸如此类。关于这一问题，只有好好引导学生把心思真正放进研究里，才可能避免这些无效的内卷。

▽ 学术诚信

而第二点，内卷引起的学术诚信风险则是导师更需要警惕的，也需要特别提醒学生。因为学生可能会为了暂时在内卷环境下赢得好的求职机会，而在论文写作方面出现学术不端行为。也有可能因为心思全在求职上，而忘记了或不清楚论文写作时必须遵守的学术诚信，哪怕导师千叮咛万嘱咐。

那么，在论文写作过程中，哪些学术诚信是需要遵守的呢？同时，与学术诚信紧密联系的学术不端又有哪些呢？这里挑五个最主要的说说。

一是参考文献引用问题。这里有 3 种不同的问题：（1）论文的成果可能是其他论文中已经发表了的，但作者明明知道，却视而不见，继续发表自己的论文。（2）论文的成果是在其他论文的基础上做了很小的改进。但作者不引用原文，让评审和读者误以为其他论文的创新加作者的小改进都是作者的创新。也有引用了的，但在措辞上误导大家。比如明明是引入了一个方法，却偏偏说是自己提出的。（3）论文的成果是自己原有会议论文（扩充后）改投的期刊。但由于期刊通常要求 30% 甚至更多工作量的改进，作者扩充时实际上没达到，于是避而不谈原论文，尤其是原论文发表在某个不知名的会议上的时候。这些情况一旦被发现，显然会引起评审和读者的极度不满，将导致论文要么被拒，要么被撤稿。

二是图表问题。其中，图上的问题往往比较多。最常见的是直接复制其他论文上的原图却不引用。这种问题很容易被发现，因为复制的图像分辨率一般偏低。但出现这种情况的话，问题很严重，是学术不端行为。所以，建议要在图标题里引用相关论文。当然，更好的办法是重新画一张，尤其当图是流程图这样的形式时。另外，现在短视频盛行，很多视频发出前都做过不少的美颜和拉腿。视频里可以容忍，但在严肃的科技论文中是不提倡的，不应该对自己的图作过度的"美颜"，包括采用类似复制、粘贴、渲染等有可能模糊图上对自己不利结果的操作。而表上的问题，如有意改动数据结果，将排第三的性能改成第一。显然，这些都是违反学术诚信的。

三是公式问题。公式的问题，主要表现在是否合理引用上。因为有些公式是源自其他论文的，并非作者提出的。此时，有必要在公式上方的语句中给出引用。否则，也会被认为存在学术不端问题。

四是实验中的问题。这里主要有 3 个可能的来源。（1）数据集上的处理。比如根据发表论文的数据集来实现，发现无法复现，而原因是自己用的数据集做了额外处理。如果是重要的、引用甚广的数据集，就有可能导致读者写文章吐槽。（2）实验方法和参数设置方面，公开发表的文章中，作者未将全部参数设置澄清，导致无法复现。这种情况一种可能是学术不端，即真的无法复现。另一种是参数太过复杂，无法在文章中讲清楚。比如现在人工智能很多深度学习相关的论文，就存在后一问题。要想完全复现，需要踩不少的坑才能明白。（3）结果方面。实际结果并没达到文章报道的性能，导致感兴趣的读者始终无法复现其效果。不过这一问题，也要注意，有的时候真是复现者学艺不精，无法重复原作者的工作。这时，最好礼貌地写信向原作者询问一下，是否自己的代码写错了，请原作者帮忙看看哪里写错了。

五是写作问题。这个问题，纯粹与作者学艺不精相关，尤其是写英文论文时。有些作者可能平时读文章的时候，收集了一些好的英文句子，如与自己研究的方向相关的语句。这本是一个好的学习习惯，然而，自己在写论文时，却忽略了消化吸收，而直接抄袭了这些漂亮的语句。如果碰到较真的原作者和读过原文的读者，很有可能一纸投诉就把文章毁了。所以，强烈建议写论文时，一定要用自己的语言来表达。如果真有写得好的语句想用，也建议要多做些句式变换。

▽ 学术不端的风险

显然，这种学术不端引发的学术诚信风险是非常大且危险的，会在学生自己、导师及团队、学生与学生间的合作、导师与合作者之间等方面产生不良的连锁反应。

首先，目前关于学生诚信的评估体系越来越严格。比如毕业论文的抽查，即使学生毕业五年，仍然面临毕业论文被抽查的可能。如果存在严重的学术不端行为，学生的毕业论文会被撤销，学位也会被取消。那么，原本找好的工作岗位就可能会丢掉，毕竟用人单位是按原来的学位标准来招聘和给薪酬的，学生因此可能要承担损失。

其次，对于一个科研团队而言，从自立门户闯荡学术圈，到建成一个完整的学术团队，团队负责人与相关导师和团队中的学生肯定耗费了相当多的时间和精力。千里之堤难建，但溃于蚁穴却是很容易的事。一旦有学生出现上述问题，按多数学校的规定，导师就会被停招硕士、博士三年。这对于学术研究者来说，打击是毁灭性的，毕竟每个人具有突出创新能力的时间窗口并不长。三年的停招几乎可能让一切停滞，如学术圈正常的学术交流、团队赖以维持的项目经费支持、论文的发表、团队的延续性。

想消除其负面影响并东山再起可能需要花相当大的代价。

最后,对同学间的合作来说,也会有连带影响。因为组内的很多研究是同学相互合作形成的,大家合作的原因和前提是优势互补,彼此信任。但如果其中有人在写论文的时候不注意规避学术不端,出现论文的抄袭或类似问题,则势必会影响同学间的信任,动摇未来同学合作的基础。

事实上,还可能有更大的、不利的连带影响。如果经常读国际期刊和会议的文章,就会发现,很多重要的成果是几个学校或单位合作完成的,有些成果的作者列表中不乏一些学术专家。这些合作的前提依然是建立在大家都不认为诚信会成问题的基础上的,合作者的关注点是,如何让论文的创新性通过优势互补和团队合作来得到更好的提升。如果在这样的合作环境下,出现学术不端和诚信问题,很难想象对其他朋友的伤害会有多大。

那么,要避免这种问题的出现,学生在读研期间一定要养成好的学术品德和诚信。这种品德可以通过研究生生涯慢慢修炼,但也是必须时刻谨记,小心翼翼。如果只考虑个人利益,只为了追求在内卷中不守规则的取胜,那必然会损人又害己,成为人生的一个污点。

参考文献:

[1] 马臻. 读研真的很难吗?导师解答6点困惑 [EB/OL]. 科学网,[2020-10-16].

28　爱好与科研——"背包"里的游戏人生

> 小虎队暂时解散后，1994年，乖乖虎苏有朋发行了他的第三张个人专辑《珍惜的背包》，其中的《背包》非常好听，传唱度也高。而那一年，我的"背包"里经常放着几张准备保存游戏的软盘。

▽ 第一台个人计算机

本来软盘是用来拷贝一些学习用的程序的，因为我那会儿大学毕业不到两年，但担心自己落伍于时代，希望给自己充充电。于是，向父亲大人陈述了自己想学编程的愿望。父亲也很支持，掏钱就买了。我依稀记得台式机的配置是486的CPU、4根256KB的内存条、1个容量不大的硬盘，还有1个5.25英寸（1英寸=2.54厘米）软盘驱动器。就当时来说，配置虽然不是顶配，也是足够好的了。

▽ 游戏攻关

不过计算机到手，首先学会的却是玩游戏。毕竟之前玩任天堂卡带式的游戏，如《魂斗罗》《超级马里奥》《冒险岛》《绿色兵团》《双截龙》等，已经不能满足我对游戏的渴望了。但是那会儿没网络，游戏从哪来呢？我就骑着单车找周围有计算机的朋友或卖计算机的公司去拷贝，拿着那种5英寸的软盘。我记得当时有两个著名的游戏——《仙剑奇侠传》《金庸群侠传》，都是 RPG（Role-Playing Game，角色扮演游戏）类型的，里面有很多装备可以换，但高级别的装备需要打好多怪物升级后才有。我想偷个懒省点时间打通关，就用 PCTOOLs 软件去调试游戏程序里的变化。那会儿的游戏程序写得不复杂，存装备如武器、秘药等的地址基本是固定的、有迹可循的，所以换两次装备对比一下，就知道变化的地址在哪里了。偶尔找错了也不要紧，程序运行不了反正还可以改回来。就这样，我把游戏里的大多数装备改出来了，所以打怪物、升级非常快。我当时差点儿准备把那些改《金庸群侠传》装备的经验写篇文章投给《大众软件》杂志——一个我现在还留着创刊号的期刊。

还有一个名为"DOOM"（《毁灭战士》）的 3D 枪战类游戏，也是打怪物的，跟现在网络上玩的《反恐精英》（Counter Strike，缩写为 CS）这个类型很像，应该算是鼻祖级的吧。不过那会儿游戏的 3D 贴图技术很烂，每一个人物或目标上的单个贴片都很大。没办法，受硬件条件限制，只能把人物的贴片尺寸做大、数量做少，如果再精细点儿，计算机就会变得很慢。对于这种看重速度的游戏，就只能牺牲视觉感受了。后果就是，在打怪物和寻找怪物时，如果要快速旋转环视周围时，就会有强烈的眩晕感。不过出于对游戏的喜爱，我经常愿意强忍着恶心来玩，一玩就是四五个小时。

三年后，《帝国时代》（Age of Empires，缩写为 AOE）发行。因为这些都是英文版，我在玩游戏的过程中学了不少英文单词，最记忆犹新的是《帝国时代》里的 Photon Man（光子人）。玩的时候，输入这个单词，就能得到一对激光武器战士，作弊以后的威力大增。

说实话，我那时候对游戏是绝对着迷，毕竟年轻嘛。大学玩任天堂，毕业后玩各种游戏。读硕士时也会经常去买游戏光盘。博士是在北京读的，就去中关村海龙市场买。后来 2003 年毕业后刚来复旦大学工作的时候，我坐在当时逸夫楼实验室的机房靠门口的位置，也还是会玩玩《盟军敢死队 2》（Commandos 2）。

▽ 游戏机写论文

而家里那台玩过不少游戏的计算机，也坚持用了很长时间，因为壳子还是挺结实的。里面的主板和 CPU 芯片倒是换了几代，软驱换上了 3.5 英寸的。所以，我的硕士毕业论文是在这台计算机上写完的，论文中提的算法、实验也是在它上面用编程软件 Matlab 跑好，慢慢做完善的。甚至 2003 年的博士毕业论文也是在这台"游戏机"上写好的。

▽ 游戏助学习

回想一下，玩游戏这样的爱好，对我到底是好事还是坏事呢？我想，如果没有这台计算机，应该是不可能有现在的我。在玩游戏的过程中，我基本上把计算机里的很多软硬件知识学会了。比如，计算机的升级全是自己动手完成的。计算机有什么故障，我也会自己拆机检修。为了追求打字效率，五笔字型也是从那时学会的。虽然现在已经完全不记得打字的口诀了，但多数字能下意识地快速打出来，这在写科技论文、申请项目、和学生线上讨论问题等方面帮我省了大把的时间。包括英语，也是因为玩游戏才没完全退化，甚至还学了不少新单词，才有了后来考研的成功转型。

▽ 游戏科研

它的后果是什么呢？我觉得我的博士导师说得有道理。他说："玩游戏没问题，只要不在我这玩就行了。"我自己也带过学生，有几个学生都是小时候玩游戏玩得挺多的，到真正做研究的时候基本不玩了。而我呢，我已经好多年没玩过游戏了。因为我个人觉得，游戏的结局是相对确定的。坚持玩，总能玩赢。但是，科研是一个未知系数更大的、更挑战个人智力极限的游戏。所以，这么看来，我其实又还是在"玩游戏"，不过我对游戏的定义更宽泛了。或者说，把爱好与科研做了比较好的融合。

现在呢，我的"背包"里已经没有了那些用来保存游戏的软盘了，却有着我玩"游戏"后写的一些心得，比如我写的科普书《爱犯错的智能体》和翻译的数据挖掘经典书《统计学习要素（第2版）》。相信不久以后，我背包里的"游戏心得"会越来越多，毕竟人生也是一场游戏。如果要给这个游戏加个预期，我希望它是一场不留遗憾的游戏。

29 慢养的诺贝尔奖：自由而无用的灵魂

▽ 诺贝尔奖

2018 年 10 月 1 日，诺贝尔奖颁奖了，日本免疫学家本庶佑（Tasuku Honjo）被授予了诺贝尔生理学或医学奖，其理由是，他发现了抑制人体免疫能力的物质及其机理。该发现为研究癌症药物 Opdivo 和开创"癌症免疫疗法"做出了贡献。2019 年 10 月 9 日，日本科学家吉野彰（Akira Yoshino）因在锂离子电池领域的贡献，与另两位科学家共同获得了诺贝尔化学奖。

至此，21 世纪以来已有 19 位日本人获得诺贝尔奖，2001 年日本提出的"50 年 30 个诺贝尔奖"的计划，已实现大半。日本已毫无争议地成为除欧美外，获诺贝尔奖最多的国家。而我国 21 世纪以来，以中国国籍获奖的获奖者中有科技含量的就只有屠呦呦一人了。

无论是从国家的科研经费投入来看，还是从参与科研的人员数量来看，我国都是有绝对实力的。但与国外相比，为什么会有这样的差距呢？我针对培养机制分享一点我个人的体会。

▽ 不能输在起跑线上？

科研与教育是相辅相成的。而国内的现行教育模式，从小学到中学，再到大学和研究生阶段，似乎一直都在加速跑。家长着急、老师着急、学生着急，导师有时也在着急，生怕学生输在起跑线上。但是我们也都知道，慢工才能出细活。可是，什么时候能让你慢呢？

从小学择校开始，幼升小的压力就开始推着大家往前跑了，还有中考、高考。从家长们分享的经验简单来说，就是提前学，恨不得初二就把高中的知识点全学完，这样才能轻松应对能帮助自招加分的各种杯赛，平时考试更不在话下。道理呢，跟打游戏一样，你练到17级后，想去打个10级的怪，那还不是随便秒杀！

为什么呢？虽然国内的大学不少，但名校还是少，能在QS、泰晤士世界大学排行榜进前100的就更少了。资源有限的情况下，要挤进去，你只能跑步前进了。这是中小学的现实"内卷"。

进了大学，读了研究生，似乎能喘口气了。可是，可能还得跟着导师继续跑，因为科研评估体系决定了。而人工智能方向的学生呢，似乎好一点，不用像以前那样，需要导师使劲推才肯跑了，因为好的论文的数量可能对年薪有所影响。

日本有没有补习班呢？我得说有。但是，泛补习班、泛提前学的情况应该还是比较少的，"慢"似乎是日本的特色之一。

▽ 慢工出细活

我曾去过日本东京的银阁寺，对寺库里清洁工用镊子夹树丛中的垃圾、用毛笔大小的刷子清理下水井边上的灰尘有深刻印象。这种极致的慢，也许是东京出奇干净的原因之一。日本科学家获得的诺贝尔奖中也有类似的情况。2002年获奖的田中耕一（Tanaka Koichi）毕业后在岛津制作所工作，被迫从本科时的电气工程专业转到化学，默默地做着底层研究员。因为机缘巧合和自身努力的结果，他发明了"软激光脱着法"，让使用质谱分析法分析生物大分子成为可能。而在2年后的1987年，28岁的他才第一次在分子质量测定的会议上口头报告了他的发现，第二年才在欧洲一家自然科学杂志上发表了其成果，成了获诺贝尔奖的关键性学术论文，这也是一种极致的慢。

为什么要慢呢？因为急不来。一是重大的、突破性的或原创性极高的成果，往往需要时间积累沉淀，不是随便拍个脑袋就能想出来的。哪怕是灵光一闪的成果，比如阿基米德定律的发现，那也是他对这一问题有了长时间的思考后，才会有突然形成的顿悟。后人还将阿基米德当时发现浮力时惊喜喊出来的古希腊语"Eureka"（尤里卡，意思是"好啊，有办法啦！"），作为通过灵感获得重大发现的代名词。1985年4月17日，西欧国家为提高欧洲企业的国家竞争能力，还专门提出了"尤里卡计划"。

二是，如果国家还在发展中，那么首要解决的还是人们平均生活水平的提高。从某种意义来看，一个国家科研的整体水平与平均生活水平是相关的。只有越来越多的人不以财富的多寡来评价人生的价值的时候，才可能有更多的人愿意慢下来，投身于有益于人类进步的创新。

三是，作为个人的发展来看。真的没有必要以硕士生3年、博士生4年的表现来判定一个人的发展前景。人生是长跑，在长跑的过程中有太多可以让自己成功转型或领先的机会。与其按毕业时的水平来判断，不如再等二三十年的时间来回顾更为靠谱。而且，研究生阶段的科研不确定性一般很高，做困难的研究出不了成果的概率必然是高于出得了成果的。在这种情况下，慢养或着眼于对研究生的长期培养，尤其是对其毕业后能更好适应企业或科研部门的能力培养，更有意义。

▽ 自由而无用

我在复旦大学待了18年有余了，对复旦大学的校训深有体会，"博学而笃志，切问而近思"，比起校训，更常用来描述复旦大学的另一句是民间校训，"自由而无用的灵魂"。关于自由而无用，似乎有多种诠释。2010年年初，新闻系校友李泓冰认为："所谓'自由'，是思想与学术，甚至生活观念，能在无边的时空中恣意游走；'无用'，则是对身边现实功利的有意疏离。"

而从科研的角度来看，我觉得复旦大学造就的"自由而无用"，理解为（1）能够自由地选择科研方向，（2）能够做些目前无用但未来可能产生影响的研究方向，更为合适。这2点对于创新都很重要。

因为可以自由选择科研方向，所以做的研究才容易产生大开脑洞的奇思妙想。而无用的意义在于前瞻性。比如数论的研究，一开始只被认为是数学家的数字"游戏"，却没想到现在已是密码学的重要应用。另外，对于学校而言，有很多研究成果是有条件完成产学研转换的。但是，以科研为主的导师并不见得能有多少时间和能力来实现转换。虽然思路有了，核心技术也有了，但产业化的路上需要做更多的技术活儿，需要做更精细的系统或参数调整，如现在人工智能正火的深度学习。但这些活儿，并不见得能在科研创新上产生更大的价值，却需要耗费科研人员大量的时间和精力。也许，我们鼓励一些不擅长这些活儿的科研人员做些具有前瞻性的、"无用"的研究方向会更好。

但是，大的"无用"创新往往需要的是达摩面壁十年的那份坚持，才能有那种可能率先被提出、可以改变人类思维方式的原创性成果。

而人的时间与空间往往又是一个平衡体。有首歌的歌词是这么唱的："我想去桂林呀，我想去桂林，可是有时间的时候我却没有钱；我想去桂林呀，我想去桂林，可是有了钱的时候我却没时间。"科研工作者经常会抱怨，时间都去哪里了？

如果现有的科研评估体系能够让科学工作者慢下来，不用过多地参加各种会议，不用忙于申请可提供科研保障的各类项目，不用发表太多短平快的"高质量""高引用"论文，把时间省下来慢慢做看似"无用"的研究；同时，科学工作者也学会拒绝一些无关科研的活动，也许诺贝尔奖就指日可待了。

30 诗与远方

> 路漫漫其修远兮，吾将上下而求索。
>
> ——屈原《离骚》
>
> 对导师来说，研究生毕业就意味着学生的研究生涯从此告一段落了。但对学生来说，实际上还有漫长的人生路要走。毕竟从毕业到退休前，至少还有30年的时间。未来的变数很多，但通常来说，远方的人生路有两条可以选择——学术路与企业路。

▽ 学术生涯

追求学术生涯的人，需要注意的是，博士毕业后的前三年很关键。这是一个让学术圈认识和认可的时间窗口，过了这个窗口期，能产生影响力，像张益唐教授这样的个例就极少了。

所以，从个人发展的层面看，最理想的情况是去寻找一个与自己研究方向密切相关的全职博士后岗位。这有3个好处。一是在科研方面，博士后刚由博士毕业，在博士期间本有一定的厚积，有了全职的科研时间后，也没有其他杂事干扰，再加上博士后的待遇也不低，在经济上的压力小，就可以很好地薄发出来。比如我的博士生单洪明，毕业后去美国仁斯利尔理工学院从事博士后工作，主要研究医疗成像。在那期间，分别以第一作者和第二作者身份发表了两篇 *Nature* 子刊的文章[1, 2]，同期还发表了不少相关的研究成果。因为其博士后期间的卓越表现，2020年9月他回国后就顺利被复旦大学聘为青年研究员。他的 *Nature* 子刊的文章也获得了 2021 年世界人工智能大会青年优秀论文奖。

二是待遇方面。国外的博士后待遇一般不低，足够安心科研。国内在博士后的待遇上近年来也是水涨船高，在好的博士后工作站而且自己又足够优秀的话，年薪超过正教授的水平很正常。而且国家、省会 / 直辖市都对博士后有各种项目的支持。如复旦大学有超博计划，在上海的博士后还可以申请上海市博士后基金，博士成果显著的，还可以申请国家的博新计划。抛开合作导师的资助不说，申请到博新计划，国家 / 上海 / 学校的经费或薪酬支持就可达到每年 40 万元。博士后入站后，还可以申请国家自然科学基金青年科学基金和中国博士后科学基金。因此，在待遇方面和科研经费方面需要担心的问题现在要少得多。

三是个人的职称晋升。如果直接博士毕业寻求教职，在没有极其突出成果的情况下，多数学校能给的职位可能就是讲师。而从讲师晋升至副教授，往往需要 3~5 年的时间。作为教师，这期间不仅需要完成副教授晋升要求的论文、项目，也还得分出精力从事教学工作。后者的压力对刚进入学校的教师来说还是很大的。毕竟"台上一分钟，台下十年功"。尤其是年轻教师承担的课程都是新课，需要花更多的时间去备课，制作 PPT 及课后的习题。如果进入的学校是以教学为主的，那分配的课程量不会小。再加上工作后的各种单位、家庭的杂事，有可能原本能用于科研的时间就已经被占掉一大半了，那怎么可能做更好的突破呢？没有突破，后面职称晋升的压力就更大了。更何况，这还只是学校晋升体系中的第一步，要升到教授还得再重新累积自己的科研成果。

如果从事博士后工作，多数博士后出站的时间是在 2~3 年，与讲师到副教授的晋升时间相等，但前者的时间可以全职科研，而且通常出站寻求教职时，学校给的职称是副教授，相当于直接避开了第一轮职称晋升的 PK 环节，而只需要面对正教授的晋升。不仅如此，有些学校对博士后给的是青年研究员待遇，6 年后达标即可升为正教授。所以，从职称晋升来看，博士毕业后选择博士后岗位更为合适。

当然，在选择博士后和教职之间也存在着个人选择上的平衡。毕竟前者是没有固定编制的工作，而后者往往会有编制。另外，从博士后转到学校教职岗位，往往有 2~3 年的滞后，有可能有些原本有的岗位编制到时就没有了。而且，寻求教职往往只能去与博士后所在学校同级别或低一个级别的学校，往高级别的学校寻求教职相对困难。所以，如何选择，还得根据个人的实际情况来决定。

▽ 企业人生

另一条路则是去企业。对于刚毕业的硕士和博士来说,选择这条路的要更多一些。以我指导学生近 18 年的经历为例。目前留在学校工作的也就 3 位,其中,我的第一个博士单洪明和第一届的硕士生浦剑在复旦大学任青年研究员,第一届的硕士生陈昌由在美国水牛城大学当助理教授。这一方面是薪酬原因。尽管目前学校的待遇在逐年提高,但与企业相比,整体平均水平显然是处于劣势的。尤其像现在的人工智能甚至计算机行业,学生刚工作时的年薪就超过导师的情况非常普遍。这对于年轻人来说,收入多寡显然是不得不考虑的。另一方面也是科研的路不是想走就能走成功的,里面的未知因素太高,甚至以前成功过的科研经验也不见得后面一直管用。尤其是在科研大方向发生转换的时候。比如人工智能从统计学习转向深度网络,从专家系统转向神经网络。每一次的转向,如果没有及时跟上,很有可能较长时间会被冷落在科研道路的边缘上。归根结底,从事科研工作,比较难让人们收获期待的成就感。

相对来说,企业更容易让人产生成就感。原因是企业中有大量成熟的软硬件和实际可用的应用。多数问题都有明确的解决方案,人们需要做的是投入时间和精力即可。即使存在短时间解决不了的问题,也有许多现实可行的替代方案。由于应用能够比较直接地看到效果,因此,学生更容易感受到自己所学知识的用处,也就能更快地体会到成就感。

除此以外,企业的资源优势也是刚毕业的学生愿意来的原因之一。比如人工智能领域,目前大数据往往源自企业,而能够支撑运行大数据的 GPU 服务器的数量,也是企业远优于学校。这使得在研究与大数据相关的科学问题时,企业可能会做得更好。还有人工智能企业在人才方面的虹吸效应,也让更多的学生愿意来企业工作。

▽ 围城:企业与科研院校

但需要指出的是,企业也并非百分之百都让大家满意,它也存在很多不足。比如工作时间长。在很多企业,996 的工作制几乎是常态。其原因与企业文化、项目的进度要求有关,也与内卷有关。而学校老师,虽然工作的绝对时长也不低,赶顶级会议论文的时候熬夜也是常态。但是,工作场地往往相对自由。正如一句话所说:"只要心中有科研,哪里都是实验室。"

再比如企业的知识能力提升有限。一个成熟的企业往往在有了一些成熟产品后,基本上就不会太注重研发,尤其是时效性长达 5 ~ 10 年的研发,而愿意更多地把重心放在产品的维护和服务上。即使有研发，占比也很少。结果，刚入职的年轻人最初有的新鲜感，可能很快就消失了。如果不跳槽至有拓展能力的企业，就意味着其今后每天得做周而复始的工作。如果不适时充电，人的知识结构也很容易固化、老化，跟不上新的变化。这对某些偏爱追求探索的人来说，是不太合适的。所以，也不乏有些人想从企业转回学校，我的朋友中就有不少。但能成功转型的人，往往是在企业的研究部门工作的，因为这一块与学校的工作模式比较接近，都鼓励创新和论文发表，跳到学校来在职称晋升上也不吃亏。而多数情况下是，学生毕业后一旦去了企业，想回到学校的可能性就没有了，因为缺乏可比性。

当然，也有从学校跳槽到企业的或自己创立公司的人。原因同上，有些老师可能更喜欢看到落地的应用，而非学校偏好的相对抽象、离实际较远的科研。

图 30-1　寻找诗和远方，因为有梦，所以勇敢

所以，每个人的志向、兴趣是不同的，人才的双向流动也是正常且常见的。作为导师来说，不必要强求谁一定要去科研院所或一定要去企业，顺其自然更好。也可以根据学生的兴趣爱好，适当地优化培养方案。而对于学生来说，如果能够充分利用读研的时间把自身都武装好、漏洞都补好，显然更有可能抓住未来的各种机会，去欣赏自己心中期待的诗与远方。

参考文献：

[1] SHAN H, PADOLE A, HOMAYOUNIEH F, et al. Competitive performance of a modularized deep neural network compared to commercial algorithms for low-dose CT image reconstruction[J]. Nature machine intelligence, 2019, 1(6): 269–276.

[2] CHAO H, SHAN H, HOMAYOUNIEH F, et al. Deep learning predicts cardiovascular disease risks from lung cancer screening low dose computed tomography. Nature communications, 2021.

实用论文工具

1. 论文查找技巧

   - 不熟悉的领域：Google Scholar；

   - 熟悉的领域：查找可能的作者个人主页

     AMiner

     Connected Papers

     DBLP

     arXiv

     bioRxiv

     ResearchGate

SCI-HUB

知乎 DailyarXiv

微信 CVer

科研之友

● 小贴士：（1）学术谷歌搜关键词，按引用量和年份排序；（2）从领域内各大顶会顶刊网站上搜关键词；（3）Paper With Code 网站可以找到带有代码的文章和各个领域的 SOTA（State of the Art）；（4）AMiner 可以找到各个领域内的"大佬"和"牛组"

2. 论文整理软件

Zotero

Mendeley

PaperShip

Notability

EndNote

NoteExpress

3. 论文共同修改网站

Overleaf

飞书

石墨

腾讯文档

注：方便共同修改时的版本控制和防止版本冲突。

附录2 实用代码工具

1. 写代码软件

    PyCharm

    VS Code

    Jupyter

    NoteBook

    Sublime Text

    Visual Studio

2. 代码共享网站

    GitHub

    Gitee

    GitLab

专业画图工具

draw.io

Microsoft Visio

tableau

MATLAB

Origin

LaTex

PlotNeuralNet

tikz_cnn

draw_convnet

Netscope

ProcessOn

PowerPoint

Acrobat 系列

附录 4 期刊和会议推荐

1. 在线网站

    arXiv

    bio Rxiv

    IEEE Xplore Digital Library

    超星数字图书馆

    万方数据——学术期刊全文库

    万方数据——学术论文库

    中国知网

    中文社会科学引文索引（CSSC）

ResearchGate

2. 论文查重网站

知网

万方

维普

大雅

学术不端网

PaperPass

PaperBye

PaperFree

PaperEasy

Papertime

PaperYY

Turnitin

3. 引用查询

Web of Science Core Collection – Science Citation Index Expanded

web of Science – Essential Science Indicators (ESI)

学术谷歌 (Google Scholar)

4. 期刊

以下为计算机、人工智能、自动化方向部分期刊。

IEEE Transactions on Pattern Analysis and Machine Intelligence

Intertional Journal of Computer Vision

Nature – Machine Intelligence

IEEE Transactions on Neural Networks and Learning Systems

Pattern Recognition

IEEE Transactions on Image Processing

《计算机学报》

《软件学报》

《自动化学报》

《中国科学——信息科学（中英文版）》

其他请参考：中国计算机学会（CCF）、自动化学会推荐期刊和会议目录

5. 国内知名会议

MLA，中国机器学习及其应用研讨会（China Symposium on Machine Learning and Applications）

VALSE，视觉与学习青年学者论坛（Vision And Learning SEminar）

PERSONAL

我的非正式个人简介

张军平，复旦大学计算机科学技术学院教授，博士生导师，中国自动化学会普及工作委员会主任、混合智能专业委员会副主任。主要研究方向包括人工智能、机器学习、图像处理、生物认证、智能交通及气象预测。至今发表论文 100 余篇，其中 *IEEE Transactions* 系列 28 篇，包括 *IEEE TPAMI(3)*，*TNNLS*、*ToC*、*TITS*、*TAC*、*TIP* 等。谷歌学术引用 5500 余次，H 指数 35。

我在 30 岁以前基本上没离开过湖南。小学、中学、大学、大学后的第一份工作都是在湘潭这个城市完成的。我在大学以前的学习成绩乏善可陈，初中的成绩更是一塌糊涂，以至于我对初中进行了选择性遗忘，现有的一些记忆还是最近几年被联系上的初中同学恢复的。高中好一点，但我学过的课程大都有不及格的记录，包括体育。不过那会儿的留级制度比较宽松，所以我重点学习易挂科的科目，总能涉险过关。最后我高考考得很差，高考成绩太低导致我连县里的复读学校都是勉强进去的。临二次高考前我因为跟同学逃课春游被白榜批评，后因要回市里参加高考，便退学在家闭门修炼了两周，考上了当时的全国重点大学湘潭大学机械系自动化专业，高考成绩在复读学校排名第二。选湘潭大学的原因，是自己没觉得能考上大学，就随便选了一所离家近的学校。结果我的高考分数超过重点本科 7 分，本已早早交了自费报名费、计划在湘潭大学自费上学，变成了意料之外的公费上学，我在 18 岁终于上了大学。

毕业后我被分配到煤气公司工作，修了两年煤气灶具。我那会儿迷上了游戏，经常白天黑夜地玩。玩了三四年感觉人要废掉了，加上对当时的工作很不满意，于是我决定考研，1997 年成为了湖南大学电气与信息工程学院控制理论与控制工程专业的硕士研究生。我经过 3 年的学习，感觉还是没有走出湖南，视界太窄，希望进一步提升个人的阅历，便考入了中国科学院自动化研究所，攻读模式识别与智能系统专业的博士学位。

3 年后我顺利完成了博士论文答辩。至于单位，是导师推荐我去应聘的，因为他觉得我是他指导的博士生里唯一来自南方的，对南方冬天的湿冷、夏天的黏糊糊气候能很好地适应。所以，2003 年 7 月我光荣地成为复旦大学的一名教师。

来复旦大学后，我给很多本科生和研究生上过课。令我最有印象的是 2005—2007 年间承担的"大学物理"课。因为当时我所在的学院搬新校区，原本物理系的老师嫌远不想来新校区上课。作为新来的老师，又因为我的博士论文做的方向是流形学习，大家以为我数学、物理功底还不错，我很自然地接下了这门我以前考试几乎没及格过的课程。不过我也没辜负大家的期待，上该课期间还发了篇物理方面的论文，甚至差一点儿被接收论文的期刊邀请当编委，好在我有自知之明，迅速拒绝了。

在职称晋升方面，我比较顺利，2003 年成为讲师，2006 年成为副教授，2011 年成为教授。而家中小孩的教育也很让人省心，至少目前看来，她还没到她的学习极限。这些，都让我有了更多的时间思考人生的意义和寻找自我的成就感。业余时间，我比较喜欢在朋友圈秀秀我的随便跑跑、随便唱唱、随便吃吃、随便写写、随便拍拍。因为我发得太过频繁，不少朋友估计都选择把我屏蔽了。我喜欢跑步、玩游戏。我在最瘦的时候，10 千米能跑到 48 分，半马 1 小时 55 分，2 千米自由泳能进 39 分，不过，目前都是养生跑了。我也喜欢唱歌，曾经在我个人的音乐公众号"平猫的音乐"上，用 1000 天的时间翻唱和介绍了 1000 首不同的歌曲。也曾将周杰伦的《Mojito》改编成《GPU 的 AI》，中国青年报也曾对此报道过，微博话题阅读量 100 万次。我因此还被朋友们戏称为"AI 界的周杰伦"。因为写科技论文是与学生共同努力的集体成果，感觉无法体验和享受纯粹源自个人的成就感，所以我在业余时间会抽空写书、写博文。2019 年出版了我的第一本科普著作《爱犯错的智能体》，让我意料之外的是，处女作就获得 2020 年中国科普创作领域最高奖，即第六届中国科普作家协会优秀科普作品奖金奖，也是人工智能领域科普作品首次获得该奖项。我也喜欢拍短视频，2020 年曾用时 30 分剪过一部时长 1 分的作品《生成对抗网的乒乓科普》，后来还很幸运地获得了中国计算机学会第一届科普视频大赛微视频组的二等奖（一等奖空缺）。在未来的日子，我会创作更多与人工智能相关的科普短视频、文章或图书。以上，就是我的非正式个人简介。